Intervenção Judicial
na Administração de Sociedades

Intervenção Judicial na Administração de Sociedades

2018

Luis Felipe Spinelli
João Pedro Scalzilli
Rodrigo Tellechea

INTERVENÇÃO JUDICIAL NA ADMINISTRAÇÃO DE SOCIEDADES
© Almedina, 2019
AUTOR: Luis Felipe Spinelli, João Pedro Scalzilli, Rodrigo Tellechea
DIAGRAMAÇÃO: Almedina
DESIGN DE CAPA: FBA
ISBN: 9788584934393

Dados Internacionais de Catalogação na Publicação (CIP)
(Câmara Brasileira do Livro, SP, Brasil)

Spinelli, Luis Felipe
Intervenção judicial na administração de sociedades / Luis Felipe Spinelli, João Pedro Scalzilli, Rodrigo Tellechea. -- São Paulo : Almedina, 2019.

Bibliografia.
ISBN 978-85-8493-439-3

1. Direito comercial 2. Direito empresarial 3. Intervenção judicial 4. Processo civil 5. Sociedades comerciais I. Scalzilli, João Pedro. II. Tellechea, Rodrigo. III. Título.

18-22854 CDU-347.72

Índices para catálogo sistemático:

1. Intervenção judicial na administração de sociedades : Direito societário 347.72
Maria Paula C. Riyuzo - Bibliotecária - CRB-8/7639

Este livro segue as regras do novo Acordo Ortográfico da Língua Portuguesa (1990).

Todos os direitos reservados. Nenhuma parte deste livro, protegido por copyright, pode ser reproduzida, armazenada ou transmitida de alguma forma ou por algum meio, seja eletrônico ou mecânico, inclusive fotocópia, gravação ou qualquer sistema de armazenagem de informações, sem a permissão expressa e por escrito da editora.

Fevereiro, 2019

EDITORA: Almedina Brasil
Rua José Maria Lisboa, 860, Conj.131 e 132, Jardim Paulista | 01423-001 São Paulo | Brasil
editora@almedina.com.br
www.almedina.com.br

Nenhum dos meus escritos foi concluído; sempre se interpuseram novos pensamentos, associações de ideias extraordinárias, impossíveis de excluir, com o infinito como limite. Não consigo evitar a aversão que tem o meu pensamento ao ato de acabar.

Fernando Pessoa

AGRADECIMENTOS

> *Nenhum homem é uma ilha, isolado em si mesmo; todo homem é um pedaço do continente, uma parte do todo. (...); a morte de qualquer homem me diminui, porque sou parte do gênero humano, e por isso não me perguntes por quem os sinos dobram; eles dobram por ti.*
>
> JOHN DONNE *(Devotions upon emergent occasions. 1624).*

Costuma-se dizer que "nenhum trabalho, por mais simples que seja, é passível de ser realizado isoladamente". Independentemente de ser essa uma verdade universal ou absoluta — não sabemos se é —, sentimos que o rigor e as dificuldades inerentes à pesquisa acadêmica são amainados pelo auxílio de amigos e colegas que doam seu precioso tempo, contribuindo para o aperfeiçoamento dos nossos textos e indagações. Assim, às seis mãos que originalmente conceberam o presente livro, somam-se outras tantas, cujas contribuições foram, verdadeiramente, inestimáveis e cujos esforços são impagáveis.

Cientes dessa dívida, resta-nos, ao menos, expressar nessas linhas nossa imensa gratidão. Assim, agradecemos, inicialmente, ao amigo ADEMAR VIDAL NETO pela contribuição ao desenvolvimento do tema da intervenção na administração das sociedades e pela amizade fraternal. Igualmente, expressamos nosso agradecimento a MARCELO FÉRES por ter auxiliado na obtenção de obras que contribuíram para o aperfeiçoamento da pesquisa. Além disso, a presente obra contou com o auxílio de pesquisa e revisão dos já frequentes colaboradores ALESSANDRO HIPPLER, GABRIEL GARIBOTTI e LARA PIZZATTO, a quem agradecemos carinhosamente.

Porto Alegre/RS e São Paulo/SP.

NOTA DOS AUTORES

O presente ensaio reúne as pesquisas que desenvolvemos nos últimos anos, bem como é resultado de nossa experiência na advocacia, sobre o tema da intervenção judicial na administração de sociedades[1].

Concebido inicialmente como um artigo derivado de arrazoados forenses, respostas a consultas, pareceres e pesquisas acadêmicas, o presente ensaio tomou a forma de um pequeno livro em razão da extensão alcançada.

Simplesmente engavetá-lo não nos pareceu a decisão mais acertada, especialmente em virtude da riqueza de detalhes e das dificuldades que o assunto traz consigo. Optamos, portanto, pela publicação, mormente pelo fato de que não há, no País, uma publicação similar — e por tratar-se de matéria de grande vigor prático, ainda não regulada na legislação brasileira.

Nossas pesquisas e investigações tiveram origem há quase uma década, a partir de um projeto de tese abortado[2]. Posteriormente, a par das pou-

---

[1] Ou seja, o presente ensaio não tem por objetivo analisar as hipóteses de intervenção realizadas pelo Poder Executivo, particularmente em setores regulados, como ocorre com as instituições financeiras diante do previsto na Lei 6.024/1974 (intervenção e liquidação extrajudicial) e no DL 2.321/1987 (administração especial temporária). Igualmente, não analisaremos medidas interventivas adotadas em processos administrativos, como a medida preventiva adotada, no ano de 2016, pelo Conselho Administrativo de Defesa Econômica – CADE, em inquérito administrativo que investigava a existência de cartel no setor de combustíveis no Distrito Federal, e que determinou a nomeação de um administrador provisório para administrar postos de combustível de modo independente (IA 08012.008859/2009-86). Objetiva-se estudar somente os casos de intervenção judicial, previstos ou não em lei.

[2] Projeto apresentado por Luis Felipe Spinelli como requisito parcial para ingresso no Programa de Doutorado da Faculdade de Direito da Universidade de São Paulo (USP), no ano de 2010. Cumpre destacar que o adiamento da pesquisa ocorreu não por uma eventual falta de interesse no tema — como se observa na decisão pela publicação — mas, muito pelo contrário,

cas obras brasileiras sobre o assunto, o tema foi abordado, com profundidade e lucidez, pelo querido amigo e colega ADEMAR VIDAL NETO em sua tese de doutorado, defendida no ano de 2017, junto ao programa de Pós-Graduação da Faculdade de Direito da Universidade de São Paulo[3]. O autor teve, sem dúvida, o mérito de colocar a pesquisa acadêmica sobre o tema em questão em outro patamar — em especial pela sua capacidade de examiná-lo a partir de uma abordagem bifronte: processual e material.

Debruçados sobre a pesquisa inicialmente empreendida e instigados pelas conclusões advindas da tese supracitada, para nossa surpresa e satisfação, fomos desafiados profissionalmente, ora na qualidade de advogados chamados para atuar em complexos litígios que envolviam a intervenção na administração de sociedades, ora com a honrosa nomeação judicial para desempenhar o papel de interventores.

E, assim, mais uma vez em nossas vidas, os desafios práticos e a pesquisa acadêmica entrelaçaram-se. A prática, aliás, como sempre ressaltaram comercialistas do quilate de GOLDSCHMIDT, VIVANTE e ASCARELLI, "é o laboratório do direito comercial"[4].

Esse duplo estímulo levou a retomada dos estudos da intervenção judicial na administração de sociedades, em especial da jurisprudência pátria (particularmente rica sobre o tema) e da doutrina estrangeira (bem mais desenvolvida nesse aspecto do que a nossa, em função de que, em outros ordenamentos jurídicos, o tema está positivado).

---

em razão da extrema relevância da matéria e de sua complexidade, que revelava a conveniência de um maior amadurecimento de algumas das ideias que se pretendia desenvolver.

[3] VIDAL NETO, Ademar. *Intervenção judicial na administração de sociedade*: nomeação de administrador provisório. Tese (Doutorado em Direito). Faculdade de Direito da Universidade de São Paulo, São Paulo, 2017.

[4] GOLDSCHMIDT, Levin. *Storia universale del diritto commerciale*. Torino: UTET, 1913, p. 11; VIVANTE, Cesare. *Trattato di diritto commerciale*, v. I. 5 ed. Milano: Francesco Vallardi, 1922, p. IX-X; ASCARELLI, Tullio. O desenvolvimento histórico do direito comercial e o significado da unificação do direito privado (trad. de Fábio Konder Comparado, in: *Saggi di diritto commerciale*). Revista de Direito Mercantil Industrial, Financeiro e Econômico, São Paulo, n. 114, abr./jun. 1999, p. 238-239.

O ensaio que ora vem a lume é, portanto, resultado de nossa curiosidade acadêmica instigada pelos desafios impostos pela prática.

Espera-se que nossas ideias contribuam para o debate em torno da intervenção judicial na administração de sociedades, tema de elevado interesse prático para o direito societário e que ainda é pouco estudado no País. Essa a nossa oferta.

PREFÁCIO

Eis que João Pedro Scalzilli, Luís Felipe Spinelli e Rodrigo Tellechea, por pura lhaneza, pedem-me este prefácio. Um prefácio para um livro que navega entre o direito e o processo – entre o direito societário e o processo civil. Um livro que enfrenta um tema ainda não tratado monograficamente nem por comercialistas, nem por processualistas. Um livro que – com Pessoa – inicia anunciando a inexistência do seu próprio fim. É uma alegria e uma honra poder escrever este prefácio, que meus amigos, eminentes Professores e Comercialistas, inesperadamente me brindaram.

Em 1951, Borges – irmanado com Pessoa em mais de uma frente – resolve ressaltar o culto aos livros, destacando que a sua história é uma *história sem fim* propriamente porque se trata da *história do próprio mundo*. É por essa razão que é impossível terminá-los: inserem-se em uma *tradição*, dialogam com o passado, procuram moldar o presente, fornecem elementos para a historiografia futura. É por isso que é compreensível certa aversão em encerrar – momentaneamente – seus horizontes.

Tenho certeza, porém, que este livro contará com uma fortuna crítica que – tão logo impresso – novamente *voltará a ser escrito* em outros livros e em decisões judiciais de todas as instâncias e de todos os quadrantes de nosso país, assim como os demais livros dos meus eminentes colegas, inserindo-se em um verdadeiro *romance em cadeia* que assegurará sua longevidade. Motivos para tanto não faltam.

Em primeiro lugar, seus autores. João Pedro, Luís Felipe e Rodrigo não só aceitaram o desafio de serem *advogados* e de serem *professores*, mas também resolveram *estudar* verticalmente e enfrentar a dificílima tarefa de *escrever* – escrever *doutrina*. Mais do que um compromisso com o foro e com a sala de aula, os autores revelam não só o *domínio total do tema* oriundo da pesquisa séria e dedicada e a *alteridade* ligada à preocupação em ensinar e convencer para além do proveito próprio e dos muros das universidades, mas também a *humildade* inerente ao ato de submeter à *crítica* e ao *debate público* as próprias ideias com o intuito de colaborar com o aperfeiçoamento do modo com que praticamos o direito. Vale dizer: *acuidade, alteridade, humildade* e *espírito público*.

Em segundo lugar, o tema escolhido e o modo de enfrentá-lo. Intervenção judicial na administração de sociedades constitui técnica processual que visa a prestar tutela à saúde societária e ao tráfego jurídico. Sua escassa disciplina no direito brasileiro faz com que seu tratamento seja muitas vezes *intuitivo*, sendo infelizmente poucas vezes pautado pela *racionalidade* e pela adequada identificação das posições jurídicas em jogo e dos responsáveis pelo seu emprego. Daí a oportunidade do seu tratamento acadêmico com recurso à experiência profissional dos autores e ao direito comparado: se a primeira serve como *laboratório do direito comercial* (como bem destacam meus queridos amigos), o segundo serve como estímulo à introdução de *reformas* orientadas para melhora da nossa Justiça Civil. Vale dizer: o tema é tratado a partir da *experiência* recolhida em casos concretos e na comparação com outros ordenamentos visando a uma *reconstrução racional* do seu emprego no direito brasileiro.

Por fim, em terceiro lugar, há um outro motivo – menos aparente, nada obstante muito claro e pulsante nas entrelinhas. O fortalecimento do *direito privado* como *ideologia* e o *processo civil* como instrumento para proteção concomitante da *segurança jurídica* e da *liberdade* por estudiosos sérios e comprometidos com uma rigorosa formação acadêmica só pode ser recebido como uma retomada do ideal de *racionalidade* e *normatividade do direito* – diante de todos os seus novos e velhos predadores – em um ambiente voltado à *concordância prática* entre esses princípios fundamentais, sem que se decida aprioristicamente por esse ou aquele modo de resolver o problema sem o exame justificado de todas as variáveis envolvidas no rico manancial evidenciado pelos casos concretos. Vale dizer: o exemplo de *professores comprometidos* com um ideal de protetividade aos indivíduos que se associam e empreendem, que confiam no tráfego jurídico e buscam as melhores soluções para os seus desacordos jurídicos em um contexto social marcado pela continuidade da empresa e pela efetiva tutela dos direitos. Em poucas palavras: ideologicamente comprometidos com os princípios da segurança jurídica e da liberdade, sem os quais o direito privado e o processo civil perdem os seus substratos ético-normativos.

O mundo não existe para ser contado em um livro. Tampouco os livros podem resumi-lo. Os livros existem para que o mundo continue a existir, transformando-se. Por isso é tão difícil termina-los. Por isso é preciso recomeça-los. Ao lançar mais uma ponte segura entre o direito e o processo, João Pedro Scalzilli, Luís Felipe Spinelli e Rodrigo Tellechea não encerram horizonte – dão ensejo a mais um ato de descortiná-lo. E é uma honra muito grande para mim estar a eles associados nesta empresa.

Moinhos de Vento, Porto Alegre.

Daniel Mitidiero
Professor de Direito Processual Civil
da Faculdade de Direito da UFRGS

SUMÁRIO

1. Introdução ao Instituto 19
    1.1. Direito Societário 19
    1.2. Poder de Controle 20
    1.3. O Princípio da Maioria como Técnica de Absorção de Conflitos 21
    1.4. Necessidade de Recurso à Jurisdição 24
    1.5. Dificuldades Decorrentes da Ausência Regulação 25
    1.6. Desnecessidade de Regra Expressa 28
    1.7. Técnica de Prevenção ou de Cessação da Conduta Delitiva 29
    1.8. Medida Alternativa 30
    1.9. Inafastabilidade da Aplicação da Medida 31
    1.10. Amadurecimento do Instituto 32
2. Natureza Jurídica da Intervenção e do Interventor 33
3. Espécies de Intervenção 37
    3.1. Observador 38
    3.2. Cogestor 42
    3.3. Gestor 45
    3.4. Executor 49
    3.5. Liquidante 54
    3.6. Mediador 56
4. Escolha do Administrador Judicial 59
    4.1. Qualificação Técnica 60
    4.2. Pessoa Jurídica Especializada 62
    4.3. Nomeação Plúrima 62
    4.4. Imparcialidade 63
    4.5. Impedimentos 65
    4.6. Impugnação 66
5. Características da Medida 67
    5.1. Excepcionalidade 67
    5.2. Provisoriedade 72
    5.3. Acessoriedade 74
    5.4. Alterabilidade 75
    5.5. Revogabilidade 76

5.6. Fungibilidade 76
5.7. Imediatez 77
6. Requisitos para a Concessão da Medida.................................... 79
7. Legitimação Ativa.. 87
8. Legitimação Passiva 91
9. Hipóteses de Cabimento da Medida... 97
9.1. Grave Desinteligência entre os Sócios..99
9.2. Atos que Importam em Risco ao Negócio 102
9.3. Prejuízo ao Exercício de Direitos de Sócio...............................104
9.4. Esvaziamento da Sociedade ou Confusão Patrimonial 106
9.5. Irregularidades na Contabilidade 107
9.6. Paralização ou Irregular Funcionamento dos Órgãos Sociais 108
9.7. Acefalia ou Vacuidade Administrativa 109
9.8. Delegação Irregular da Gestão 112
9.9. Incertezas Acerca da Titularidade do Controle Societário 112
9.10. Embaraço à Liquidação de Participação Societária
na Apuração de Haveres..112
9.11 Embaraço à Liquidação de Participação Societária na Penhora de Quotas 114
9.12. Violação dos Deveres por Parte de Administradores.............115
9.13. Descumprimento de Ordem Judicial......................................121
9.14. Resistência à Penhora de Faturamento 122
9.15. Prevenção de Dano ao Consumidor, ao Meio Ambiente,
à Concorrência e à Administração Pública 124
9.16. Beligerância em Divórcio e Dissolução de União Estável de Consócios . 126
9.17. Necessidade de Salvaguarda dos Direitos dos Herdeiros
do Sócio Falecido...127
10. Decreto de Intervenção 129
11. Atuação 133
12. Deveres 139
13. Destituição e Responsabilização 147
14. Remuneração... 151
14.1. Parâmetros de Fixação 151
14.2. Forma de Pagamento..153
14.3. Responsabilidade pelo Pagamento 154
14.4. Remuneração nas Hipóteses de Substituição e Destituição 155
15. Término da Intervenção 157
16. Considerações Finais 159
Referências 161
Sobre os Autores...171

1. Introdução ao Instituto

Para o adequado exame do instituto da intervenção judicial na administração de sociedades, necessário ter presentes alguns conceitos fundamentais de direito societário, os quais serão abaixo examinados naquilo que tocam o tema do presente ensaio.

1.1. Direito Societário

O direito societário é a disciplina jurídica que regula o fenômeno da cooperação entre pessoas para a consecução de certos fins a eles comuns (*privatrechtliches Kooperationsrecht*), sejam esses objetivos econômicos ou não. Sendo assim, seu universo compreende tanto as sociedades em sentido estrito (entidades com finalidade econômica) quanto as associações (entidades sem finalidade econômica) — sendo, por isso, o "direito das organizações finalísticas privadas" (*Zweckverband*)[5].

---

[5] FRANÇA, Erasmo Valladão Azevedo e Novaes; ADAMEK, Marcelo Vieira von. "Affectio societatis": um conceito jurídico superado no moderno direito societário pelo conceito de "fim social". In: _____. *Temas de direito societário, falimentar e teoria da empresa*. São Paulo: Malheiros, 2009, p. 43). Igualmente: ADAMEK, Marcelo Vieira von. *Abuso de minoria em direito societário* (abuso das posições subjetivas minoritárias). Tese (Doutorado em Direito). Faculdade de Direito da Universidade de São Paulo, São Paulo, 2010, p. 24, 79-80; KÜBLER, Friedrich. *Derecho de sociedades*. Trad. Michèle Klein. 5 ed. rev. y ampl. Madrid: Fundación Cultural del Notariado, 2001, p. 29 ss. O direito societário, tal como é estudado no Brasil, abarca apenas as sociedades com finalidade lucrativa (sociedades em sentido escrito). Exemplificativamente, veja-se que o art. 981, dispositivo vestibular do Título II (Da Sociedade), parte integrante do

Justamente para viabilizar a vida dessas pessoas em sociedade e para propiciar o atingimento do *fim comum*[6], o direito societário estabelece uma série de normas de comportamento (*direitos e deveres*), de organização (*competências*) e de procedimentos (*método*)[7]. Trata-se de um ramo jurídico que regula os fenômenos associativos, estabelecendo, por meio de suas normas, as estruturas de funcionamento dos entes coletivos.

Esse é o conteúdo do direito societário, uma disciplina jurídica construída a partir de um método indutivo e uma dogmática própria, decorrente de sua formação histórica[8], cuja função é, como referido, oferecer estruturas e mecanismos que permitam a vida em sociedade.

1.2. Poder de Controle

Na formação e no funcionamento das sociedades, o equilíbrio no relacionamento entre o controlador e a minoria é a pedra de toque do sub-

---

Livro II da Parte Especial do Código Civil (Do Direito de Empresa), conceitua sociedade como sendo o contrato que permite "o exercício de atividade econômica" (portanto, lucrativa) "para a partilha (...) dos resultados". Nessa linha, as associações (sociedades sem finalidade lucrativa) estão reguladas separadamente, entre os arts. 53 a 61, ainda na Parte Geral do Código Civil (Livro I, Das Pessoas). Nada impede, no entanto, que se tenha uma visão mais abrangente do fenômeno societário, abrangendo tanto as associações entre pessoas com finalidade lucrativa quanto aquelas com escopo não econômico, tal qual ocorre, por exemplo, na Alemanha.

[6] Ver: ADAMEK. *Abuso de minoria em direito societário...*, p. 79-85; FRANÇA; ADAMEK. "Affectio societatis"..., p. 42-47; SCHMIDT, Karsten. *Gesellschaftsrecht*, B. I. 4 Aufl. Köln: Carl Heymanns, 2002, p. 61 ss; WIEDEMANN, Herbert. *Gesellschaftsrecht*, B. I. München: Beck, 1980, p. 8-11; WIEDEMANN, Herbert. *Gesellschaftsrecht*, B. II. München: Beck, 2004, p. 121-126. Em certo sentido, também remetemos a: ASCARELLI, Tullio. O contrato plurilateral. In: ____. *Problemas das sociedades anônimas e direito comparado*. 2 ed. São Paulo: Saraiva, 1969, p. 271-272.

[7] WINDBICHLER, Christine. *Gesellschaftsrecht*. 22 Aufl. München: C. H. Beck, 2009, p. 1; SCHMIDT. *Gesellschaftsrecht*, B. I..., p. 3-4; WIEDEMANN. *Gesellschaftsrecht*, B. I..., p. 18 (na tradução de Erasmo Valladão A. e N. França: Excerto do direito societário I – Fundamentos. *Revista de Direito Mercantil, Industrial, Econômico e Financeiro*, a. 45, n. 143, jul./set. 2006, p. 68-69). No mesmo sentido, ver: ADAMEK. *Abuso de minoria em direito societário...*, p. 27.

[8] Entre outros, ver: ASCARELLI, Tullio. Antigona e Porcia. In: ____. *Problemi giuridici*, t. II. Milano: Giuffrè, 1959, p. 9-10; ASCARELLI, Tullio. *Panorama do direito comercial*. São Paulo: Saraiva, 1947, p. 27; MOSSA, Lorenzo. Scienza e metodi del diritto commerciale. *Rivista di Diritto Commerciale*, I, v. XXXIX, 1941, p. 97-99; ROCCO, Alfredo. *Principios de derecho mercantil*. 10 ed. México: Nacional, 1981, p. 73-74; BOLAFFIO, Leon. *Derecho mercantil*. Trad. José L. De Benito. Madrid: Reus, 1935, p. 28-29; INGLEZ DE SOUZA. *Prelecções de direito comercial*. Rio de Janeiro: Typographia Leuzinger, 1906, p. 43.

sistema societário[9]. Com efeito, o *poder de controle* e o *controle do poder* são temas centrais do direito societário[10], a ponto de ser correto afirmar que o balanceamento entre estas duas forças — verdadeiros *freio* e *acelerador* do sistema — está na base da disciplina jurídica societária[11], especialmente no que diz respeito às sociedades anônimas e às limitadas[12].

De qualquer forma, apesar de o *fim comum* ter eficácia constitutiva e também eficácia funcional em qualquer sociedade, é usual a ocorrência de contraposição de ideias e o surgimento de divergências sobre como alcançá-lo[13]. Essa antítese pode gerar tensão e, do tensionamento das relações, muitas vezes irrompe o conflito. Justamente para lidar com essas situações, o direito societário concebeu, no curso de sua história, uma série de mecanismos de absorção de embates, entre eles a assembleia geral de sócios, cujas decisões, de regra, são baseadas no princípio da maioria.

1.3. O Princípio da Maioria como Técnica de Absorção de Conflitos

No curso do seu desenvolvimento, o direito societário concebeu uma série de remédios internos capazes de resolver grande parte das questões oriundas do relacionamento havido entre os seus membros — sendo a assem-

---

[9] SCHMITTHOFF, Clive M. The rule of majority and the protection of the minority in English Company Law. In: _____. *La società per azione allá metà del secolo XX:* Studi in Memoria di Angelo Sfraffa. Padova: CEDAM, 1962, p. 663; BULHÕES PEDREIRA, José Luiz, LAMY FILHO, Alfredo. *Direito das companhias*, v. I. Rio de Janeiro: Forense, 2009, p. 861.

[10] Sobre o tema, por todos, ver: COMPARATO, Fábio Konder; SALOMÃO FILHO, Calixto. *O poder de controle na sociedade anônima*. 6 ed. Rio de Janeiro: Forense, 2014.

[11] Como bem destaca MARCELO VIEIRA VON ADAMEK, os conceitos de maioria e minoria "não representam situações indesejáveis; pelo contrário, constituem pressuposto fundamental para o funcionamento eficiente das sociedades cujo processo de formação da vontade coletiva opera de acordo com a regra da maioria". Visando a essa composição, o ordenamento societário tenta estabelecer uma série de normas e estruturas internas no sentido de harmonizar e reduzir as esferas nas quais os interesses potencialmente conflitantes dos acionistas podem se manifestar (ADAMEK. *Abuso de minoria em direito societário...*, p. 27).

[12] BULHÕES PEDREIRA; LAMY FILHO. *Direito das companhias...*, p. 861; SZTAJN, Rachel. A incompletude do contrato de sociedade. *Revista da Faculdade de Direito da Universidade de São Paulo*, v. 99, p. 283-302, 2004.

[13] WINDBICHLER. *Gesellschaftsrecht...*, p. 50.

bleia geral de sócios/acionistas uma verdadeira "técnica de absorção de conflitos"[14].

No universo assemblear, o "princípio da maioria" constitui instrumento indispensável para o exercício do poder de controle interno ao determinar a lógica de funcionamento dos órgãos de deliberação colegiada por meio da qual os sócios tomam decisões no seio da sociedade[15].

Quando em conformidade com a lei e/ou com o contrato/estatuto social, as deliberações assembleares[16] vinculam todos os membros, ainda que ausentes, abstinentes ou dissidentes, evitando, assim, o que se convencio-

---

[14] A expressão foi usada por CLÓVIS DO COUTO E SILVA ao se referir à assembleia geral dos acionistas em ensaio sobre os grupos de sociedades (de fato e de direito). Nas palavras do autor: "Entendia-se que o direito societário havia criado uma 'técnica de absorção de conflitos', própria e exclusiva, com base na assembleia de acionistas, de modo que a intervenção judicial deveria ser secundária e admissível tão somente em casos excepcionais" (COUTO E SILVA, Clóvis Veríssimo do. Grupo de sociedades. *Revista dos Tribunais*, n. 647, 1989, p. 15).

[15] Sobre o tema, ver: GIERKE, Otto von. *Über die Geschichte des Majoritätsprinzips* – separata do Schmollers Jahrbuch. Berlim: Duncler & Humblot, 1915 (tradução italiana sob o título *Sulla storia del principio di maggioranza*, na Rivista delle Società, p. 1.103-1.120, 1961); e GALGANO, Francesco. *La forza del numero e la legge della ragione*: storia del principio di maggioranza. Bologna: Il Mulino, 2007.

[16] As deliberações da assembleia geral são atos ou negócios jurídicos privados formados a partir da manifestação de vontade de seus acionistas, reunidos segundo os critérios definidos na lei e no estatuto social – respeitando todas as regras e procedimentos de caráter imperativo do que se denominou de "método assemblear", acima descrito, detalhadamente regulado pela Lei n. 6.404/76 (arts. 86, 87 e 123 a 136), que representa verdadeira condição de validade das deliberações e mecanismo de proteção dos acionistas minoritários. Sobre o tema, ver: FRANÇA, Erasmo Valladão Azevedo e Novaes. *Invalidade das deliberações de assembleia das S/As*. São Paulo: Malheiros, 1999, p. 32-33; BULHÕES PEDREIRA, José Luiz; LAMY FILHO, Alfredo. *A Lei das S/As*. Rio de Janeiro: Renovar, 1992, p. 656; GALGANO, Francesco. *Il principio di maggioranza nelle società personali*. Padova: CEDAM, 1960, p. 24 ss). No mesmo sentido: GRIPPO, Giovanni. *Deliberazione e collegialità nella società per azioni*. Milano: Giuffrè, 1979, 138 ss.

nou chamar de "direito de veto"[17] do acionista individual ou da minoria organizada[18].

Isto é, respeitado o método assemblear[19], o princípio da maioria consolida-se como "critério de formação de decisões imputadas a um grupo de

---

[17] Sobre o direito de veto, esclarecedoras são as observações de PINTO FURTADO: "(...) à luz do nosso Direito positivo, temos como seguro que, naqueles casos em que se estabeleceu um direito de veto ou uma *golden share*, não poderá admitir-se, de forma alguma, que constituam uma ressalva pontual ao princípio majoritário da deliberação, uma 'rígida consequência da aplicação do sistema unanimitário' ou, sequer, que nos encontremos perante o mesmo resultado prático de quando surja um sócio dissidente nas deliberações que requeiram a unanimidade dos votos. Há que se distinguir os respectivos regimes jurídicos. Uma deliberação para que se requeira a unanimidade, e não a alcançou, ou não se tem como aprovada, constituindo uma deliberação negativa, ou se, por qualquer circunstância, veio a ser considerada como aprovada, será decerto inválida, por falta da maioria requerida (a unanimidade). Vetada a deliberação pelo voto contrário, ou pela simples falta de voto do titular do direito de veto, apesar de se ter alcançado o número de votos necessários à aprovação da proposta, temos antes, imediatamente, uma deliberação válida – mas ineficaz em relação a todos os sócios, como se viu. Quando, pois, se costuma afirmar que, com a exigência da unanimidade para ser aprovada uma deliberação, cada sócio passará a dispor de um direito de veto, não se utiliza uma fórmula rigorosa, exprimindo-se, tão somente, que cada um dos sócios pode frustrar, por si só, a deliberação" (PINTO FURTADO, Jorge Henrique da Cruz. *Deliberações de sociedades comerciais*. Coimbra: Almedina, 2005, p. 534-535).

[18] BULHÕES PEDREIRA; LAMY FILHO. *Direito das companhias*, v. I..., p. 808; COMPARATO; SALOMÃO FILHO. *O poder de controle na sociedade anônima*..., p. 54 ss.

[19] As características da assembleia geral foram didaticamente resumidas por ERASMO VALLADÃO AZEVEDO E NOVAES FRANÇA, com base nas lições de MESSINEO: "A assembléia geral, apesar de ter, na curiosa formulação de Messineo, uma 'incarnazione intermittente', possui, contudo, existência material efêmera: limita-se ao espaço de tempo no qual os acionistas nela se reúnem, discutindo e deliberando. Fora desses momentos, é um órgão quiescente, devendo ser convocada, na forma da lei (arts. 123, 124 e 294, I, da Lei n. 6.404/76), para poder atuar, salvo na hipótese de assembléia totalitária, que dispensa as formalidades previstas em lei para a convocação (art. 124, §4º). Exaurida que seja, a assembleia retorna ao seu estado de quiescência, até a próxima convocação e constituição. Tem a assembléia, pois, incontestável realidade jurídica, embora seja privada de existência material permanente. Essa existência material coincide apenas com os períodos de seu efetivo funcionamento, exercendo referido órgão, assim, uma atividade saltuária. Outra característica da assembleia geral consiste naquilo que Messineo denomina de 'variabilità del substrato personale', ou seja, na mutabilidade de sua composição, dada a ambulatoriedade dos sócios. As assembléias podem ser diversamente compostas, caso por caso, sem necessidade de que a elas compareçam todos os sócios, ou ainda de que compareçam os mesmos sócios em umas e outras, o que ocorre em virtude das sucessivas modificações no quadro social. A composição do conclave, pois, está sujeita a renovar-se, com possibilidade, inclusive, de vir a tornar-se completamente diversa da original. Tal característica da assembleia decorre, antes de tudo, de uma exigência prática, facilmente perceptível: se se

sujeitos, determinando a identificação da vontade do grupo sobre determinada matéria com a vontade manifestada pela maioria de seus membros — quando não se verifique a unanimidade —, o que implica a vinculação da minoria à vontade da maioria"[20].

Nesse contexto, o acionista controlador responsabiliza-se pelo exercício da soberania assemblear e pelo poder diretivo da sociedade na interpretação do interesse social e na consecução do seu fim.

1.4. Necessidade de Recurso à Jurisdição

Ocorre que, nem sempre, a assembleia geral (como órgão societário *interna corporis*) e o princípio da maioria (como instrumento jurídico responsável pela formação da vontade social e pela materialização do exercício do poder de controle) conseguem resolver, eficazmente, conflitos e desinteligências havidas entre os sócios (ou mesmo com terceiros), situações nas quais o apelo à jurisdição — seja ela estatal ou arbitral — faz-se, então, necessário[21].

Em resumo, nem sempre a vida da sociedade corre tranquila e encontra soluções em mecanismos societários ou amigáveis[22]. Assim, por vezes,

---

exigisse a presença dos mesmos participantes do conclave original, condenar-se-ia o órgão à inatividade. A assembleia geral, portanto, sobre ter um funcionamento saltuário, é instável na sua estrutura. Essa instabilidade, nada obstante, não a priva de identidade, sob o aspecto jurídico. É a assembléia, desse modo, no dizer do ilustre jurista que vimos citando, altera et una: altera porque, na maioria dos casos, não é igual a si mesma, quanto à sua composição; una porque o complexo de sócios que, em determinado momento, a compõem, uma vez tendo sido respeitadas as formalidades legais (convocação, quorum de instalação, etc) corresponde à noção jurídica de assembleia, independentemente de quem sejam, em concreto, seus participantes. Em suma, examinada do lado externo, a assembleia é sempre una e igual a si mesma, dado que, em senso técnico, é sempre assembléia, sem embargo de poder apresentar uma composição diversa, com relação aos conclaves precedentes. Do fato de ser órgão interno da companhia, decorre ainda a peculiaridade de a 'vida de relações' da assembleia concretizar-se exclusivamente em relações que Messineo denomina de endo-assembleares, ou seja, que não se projetam externamente, perante terceiros" (FRANÇA. *Invalidade das deliberações de assembleia das S/As...*, p. 32-33).

[20] ESPÍRITO SANTO, João. *Exoneração de sócio no direito societário-mercantil português*. Coimbra: Almedina, 2014, p. 209.

[21] A própria Lei 6.404/76, prevê hipótese de impasse societário em deliberação assemblear no §2º do art. 129. No Código Civil, assim encontramos no §2º do art. 1.010.

[22] COZIAN, Maurice; VIANDIER, Alain; DEBOISSY, Florence. *Droit des sociétés*. 24 éd. Paris: LexisNexis, 2011, p. 217.

torna-se imperiosa a intervenção judicial nas sociedades, particularmente na administração, para coibir ilícitos.

Isso pode ocorrer nas mais variadas hipóteses, como (*i*) conflitos instaurados nas chamadas "sociedades paritárias"[23], (*ii*) situações de beligerância societária e/ou de abuso do poder de controle por parte dos administradores nomeados pelo acionista controlador ou pelo próprio controlador e, inclusive, (*iii*) nas hipóteses de abuso de minoria ou de ilícitos perpetrados por administradores indicados pelos minoritários.

Ainda, não se pode esquecer que, por vezes, a intervenção também pode ocorrer para a tutela de interesses externos (como do meio ambiente ou de credores) que não são tratados corretamente pela sociedade, particularmente quando há alguma ilicitude.

1.5. Dificuldades Decorrentes da Ausência Regulação

A legislação brasileira, a não ser em casos específicos, não regula o tema da intervenção judicial na administração das sociedades — a despeito de o Esboço de TEIXEIRA DE FREITAS, de 1864, ter tratado do tema[24].

---

[23] As chamadas sociedades paritárias caracterizam-se pela existência de apenas dois sócios (pessoas físicas ou jurídicas) ou dois grupos de sócios (geralmente unidos por vínculos familiares, interesses comuns, acordos de acionistas ou de quotistas) titulares de 50% (cinquenta por cento) das quotas ou ações representativas do capital votante, nas quais a equivalência das participações não permite a tomada de decisões sociais, gerando, assim, um impasse decisório. A propósito, cumpre mencionar que a redação do art. 129, §2º, da Lei 6.404/76, elege o Poder Judiciário como último *locus* para resolver impasse societário decorrente de deliberação assemblear em que se verifique situação de empate de votos: "No caso de empate, se o estatuto não estabelecer procedimento de arbitragem e não contiver norma diversa, a assembléia será convocada, com intervalo mínimo de 2 (dois) meses, para votar a deliberação; se permanecer o empate e os acionistas não concordarem em cometer a decisão a um terceiro, caberá ao Poder Judiciário decidir, no interesse da companhia". Assim também caminha o art. 1.010, §2º, do Código Civil.

[24] O Esboço de Código Civil de TEIXEIRA DE FREITAS possuía previsão de intervenção no art. 3.116, que assim dispunha: "Art. 3.116. Não reconhecendo como justa a causa da revogação, esses mandatários irrevogáveis conservarão seu cargo até que sejam removidos por sentença passada em julgado, no Juízo civil se a sociedade for civil, e no Juízo comercial se a sociedade for comercial. Havendo, porém, perigo na demora, o Juiz poderá, segundo as circunstâncias, decretar a remoção logo no começo do processo; nomeando um administrador ou gerente provisório, sócio ou não sócio." (TEIXEIRA DE FREITAS, Augusto. *Esboço do Código Civil*, v. 2. Brasília: Ministério da Justiça/Fundação Universidade de Brasília, 1983, p. 479). Ver, sobre o tema: PLETI, Ricardo Padovini. *Intervenção judicial em sociedade empresária*. Curitiba:

No direito estrangeiro, a situação é diversa, pois o instituto está expressamente previsto na legislação de vários países, como ocorre na Itália[25], na Espanha[26], em Portugal[27], na França[28], no Paraguai[29], na Argentina[30] e no Uruguai[31], por exemplo, sistemas nos quais é aceita com bastante naturalidade[32].

Juruá, 2014, p. 61; PLETI, Ricardo Padovini. A tutela de urgência de intervenção judicial em sociedade anônima ou limitada. In: WALD, Arnoldo; GONÇALVES, Fernando; CASTRO, Moema Augusta de (coord.); FREITAS, Bernardo Vianna; CARVALHO, Mário Tavernard Martins de (org.). *Sociedades anônimas e mercado de capitais*: homenagem ao prof. Osmar Brina Corrêa-Lima. São Paulo: Quartier Latin, 2011, p. 723-724.

[25] Na Itália, o *Codice Civile* prevê a intervenção judicial na administração de sociedades em seu art. 2.409.

[26] Na Espanha, a *Ley de Enjuiciamiento Civil* trata da intervenção como medida cautelar específica (art. 727, 2ª). O Código de Comércio, no art. 132, também possui regra a respeito.

[27] Em Portugal, o Código de Processo Civil (art. 1.053 a 1.055) regula o processo de nomeação e destituição de titulares de órgãos sociais. Também tratam da matéria os arts. 986 do Código Civil e 253 do Código das Sociedades Comerciais, este último chegando a prever a nomeação de gerente pelo Tribunal na hipótese de faltar definitivamente um deles, cuja intervenção seja necessária por força do contrato social.

[28] Na França, há a previsão legal do *l'expert de gestion* para as sociedades por ações (*Code de Commerce*, art. L. 225-231) e para as sociedades limitadas (*Code de Commerce*, art. L. 223-37). De qualquer sorte, há a criação pretoriana do *administrateur provisoire*. Há, ainda, outras formas de intervenção, algumas previstas na legislação, como o *séquetres* (fundada no art. 1961 do *Code Civil*), o *expert in futurum* (*Code de Procédure Civile*, art. 145) e o *mandataire ad hoc* (fundado no art. 872 do *Code de Procédure Civile*), bem como outras que não encontram previsão legal, como o *observateur ou contrôleur de gestion* e o *enquêteur-conciliateur*. Por tudo, ver: COZIAN; VIANDIER; DEBOISSY. *Droit des sociétés...*, p. 234 ss.

[29] O Código de Processo Civil paraguaio (*Ley 1.337*) regula a matéria do art. 727 ao art. 730.

[30] Na Argentina, a matéria está regrada nos arts. 113 a 117 da *Ley 19.550* (no caso de sociedades comerciais), além das regras de natureza processual, presentes no *Codigo Procesal Civil y Comercial de la Nacion* (*CPCCCN*), arts. 222 a 227. No caso da legislação argentina, a inspiração foi brasileira: Vélez Sársfield valeu-se do Esboço de Teixeira de Freitas quando da elaboração do Código Civil argentino, dando origem aos arts. 1.683 a 1.685. Ver: PLETI. *Intervenção judicial em sociedade empresária...*, p. 61; PLETI. A tutela de urgência de intervenção judicial em sociedade anônima ou limitada..., p. 723-724.

[31] No Uruguai também existem regras sobre o tema na *Ley 16.060* de 1989 (*Ley de Sociedades Comerciales*), arts. 184-188.

[32] BULGARELLI, Waldirio. *Regime jurídico da proteção às minorias nas S.A*. Rio de Janeiro: Renovar, 1998, p. 138; GAGGERO, Eduardo D. *Intervención judicial de sociedades comerciales*. Montevideo: [s. n.], 1973, p. 31.

A ausência de tratamento legislativo contrasta com a relevância prática do tema na seara societária[33].

A bem da verdade, a falta de previsão legal específica pode criar entraves para que os sócios (ou mesmo eventuais terceiros) busquem, no Poder Judiciário, medidas que possam salvaguardar seus direitos, eventualmente desrespeitados quando da irrupção de conflitos dessa natureza.

Há, naturalmente, certa resistência por parte dos magistrados em se imiscuir nos assuntos internos das sociedades. Isso em função (*i*) da existência de mecanismos societários de tomada de decisão e de solução de impasses, aliados (*ii*) à ausência de previsão legal para a intervenção na administração de sociedades e (*iii*) ao propalado princípio da intervenção mínima, com aplicação no âmbito societário[34].

---

[33] A omissão legislativa se torna ainda mais preocupante quando, por exemplo, se analisa a composição de sócios de sociedades limitadas no Brasil, o tipo societário mais utilizado pelos empreendedores e grupos empresariais no País. Segundo estudo da Faculdade de Direito da Fundação Getúlio Vargas de São Paulo (FGV-SP), realizado em 2016, 85,7% das sociedades limitadas com sede ou filial no Estado de São Paulo (registradas, portanto, na JUCESP) têm apenas dois sócios e 44,91% desse mesmo grupo de empresas têm sócios com idêntica participação. O mesmo estudo indica que apenas 22,19% dessas sociedades limitadas têm capital social acima de R$ 50.000,00, e 98,34% do total examinado não utilizam administração profissional (MATTOS FILHO, Ary Oswaldo; CHAVENCO, Mauricio; HUBERT, Paulo; VILELA, Renato; RIBEIRO, Victor B. Holloway. *Radiografia das sociedades limitadas*, São Paulo, 2014. Disponível em: <https://direitosp.fgv.br/sites/direitosp.fgv.br/files/arquivos/anexos/radiografia_das_ltdas_v5.pdf>. Acesso em: 14 mai. 2018). Para aprofundamento sobre o tema, ver: FERREIRA, Mariana Martins-Costa. *Soluções contratuais para resolução de impasse*: cláusula *buy or sell* e opções de compra e venda (*call and put options*). Dissertação (Mestrado em Direito). Faculdade de Direito da Universidade de São Paulo, São Paulo, 2017, p. 35 ss.

[34] STJ, 3ª Turma, MC 14.561/BA, Rel. Min. Nancy Andrighi, j. 19/9/2008; TJSP, 1ª Câmara Reservada de Direito Empresarial, AI 2043114-62.2017.8.26.0000, Rel. Des. Cesar Ciampolini, j. 23/05/2017; TJSP, 2ª Câmara Reservada de Direito Empresarial, AI 2237440-56.2016.8.26.0000, Rel. Des. Carlos Alberto Garbi, j. 17/02/2017; TJSP, Câmara Reservada de Direito Empresarial, AI 0240465-87.2011.8.26.0000, Rel. Des. Ricardo Negrão, j. 15/05/2012; TJRS, 6ª Câmara Cível, AI 70002363638, Rel. Des. Cacildo de Andrade Xavier, j. 30/05/2001; TJRS, 5ª Câmara Cível, AI 598193829, Rel. Des. Clarindo Favretto, j. 22/10/1998. Ver, também: TJSP, 6ª Câmara de Direito Privado, AI 6.962-4/8-00, Rel. Des. Ernani de Paiva, j. 09/05/1996. In: MESSIMA, Paulo de Lorenzo; FORGIONI, Paula A. *Sociedades por ações*: jurisprudência, casos e comentários. São Paulo: Revista dos Tribunais, 1999, p. 53, 375. Os comercialistas brasileiros clássicos também se manifestaram contrariamente à intervenção judicial na administração da sociedade. Nesse sentido, assim afirmava CARVALHO DE MENDONÇA, inclusive fazendo referência a precedente judicial: "A revogação ou destituição dos administradores cabe sòmente à assembléia geral. O Poder Judiciário não pode intrometer-se neste ato."

1.6. Desnecessidade de Regra Expressa

Ocorre que, apesar de todas as dificuldades de se recorrer ao Poder Judiciário para a solução de questões societárias (decorrentes da falta de especialização na grande maioria das comarcas e da demora no trâmite dos processos)[35], não raro a intervenção judicial na administração de sociedades se demonstra como absolutamente necessária.

Isso em face do esgotamento dos mecanismos contratuais de solução de impasses ou mesmo ditada pelas necessidades e urgências do caso concreto[36]. Essas situações autorizadoras da medida vêm sendo reconhecidas pela jurisprudência[37], especialmente para a tutela dos sócios minoritários[38].

Além disso, a intervenção judicial pode ser necessária para a execução de medidas concretas determinadas em procedimentos judiciais de outras naturezas, como ações de execução, por exemplo, ou mesmo para a proteção de consumidores e do meio ambiente[39].

"Dec. n. 434, art. 97, §2º; Dec. n. 8.821, art. 41, parágrafo 2º. – Ao Poder Judiciário não cabe a destituição dos administradores das sociedades anônimas, função privativa da assembléia geral. (Sentença do Juiz da 3ª Vara Comercial, confirmada pela 1ª Câmara da Côrte de Apelação em acórdão de 16 de setembro de 1909, na *Revista de Direito*, vol. 16, págs. 259-261)." (CARVALHO DE MENDONÇA, José Xavier. *Tratado de direito comercial brasileiro*, v. IV. Rio de Janeiro: Freitas Bastos, 1964, p. 52). Ver, também: VAMPRÉ, Spencer. *Tratado elementar de direito commercial*, v. II. Rio de Janeiro: F. Briguiet & Cia. Editores, 1922, p. 278; PEIXOTO, Carlos Fulgêncio da Cunha. *A sociedade por cotas de responsabilidade limitada*, v. I. 2 ed. Rio de Janeiro: Forense, 1958, p. 333-334; FERREIRA, Waldemar. *Tratado de direito comercial*, v. 4. 5 ed. São Paulo: Saraiva, 1961, p. 464. Para uma visão a respeito do tema, ver: VIDAL NETO. *Intervenção judicial na administração de sociedade...*, p. 9; PLETI. *Intervenção judicial em sociedade empresária...*, p. 64 ss; e PLETI. *A tutela de urgência de intervenção judicial em sociedade anônima ou limitada...*, p. 726-729.

[35] PANTANO, Tânia. *Os limites da intervenção judicial na administração das sociedades por ações*. Tese (Doutorado em Direito). Faculdade de Direito da Universidade de São Paulo, São Paulo, 2009, p. 4-5.

[36] VIDAL NETO. *Intervenção judicial na administração de sociedade...*, p. 9; PEREIRA, Luiz Fernando C. *Medidas urgentes no direito societário*. São Paulo: Revista dos Tribunais, 2002, p. 248.

[37] *V.g.*: TJRS, 6ª Câmara Cível, AI 70072506371, Rel. Des. Ney Wiedemann Neto, j. 25/05/2017; TJRS, 6ª Câmara Cível, AI 70073131286, Rel. Des. Luís Augusto Coelho Braga, j. 11/05/2017; TJRS, 6ª Câmara Cível, AI 70055157986, Rel. Des. Luís Augusto Coelho Braga, j. 12/09/2013; TJRS, 5ª Câmara Cível, AI 70037506946, Rel. Des. Luiz Felipe Brasil Santos, j. 25/08/2010; TJRS, 6ª Câmara Cível, AI 70028481885, Rel. Des. Artur Arnildo Ludwig, j. 10/12/2009.

[38] PLETI. *Intervenção judicial em sociedade empresária...*, p. 150 ss.

[39] Importante registrar que, em tais subsistemas, existem, por vezes, regras expressas sobre o instituto da intervenção na administração de sociedades.

A rigor, com exceção do caso da intervenção judicial para execução de medidas concretas (como a penhora de faturamento), usualmente requeridas por terceiros estranhos à sociedade, nas demais hipóteses, como regra, o interesse pessoal do requerente da medida estará, ao menos indiretamente, buscando preservar o próprio interesse social[40].

Ademais, a doutrina estrangeira que se debruçou sobre o tema salienta que a aplicação da intervenção judicial nas sociedades não depende da existência de norma legal que a autorize. Isso porque decorre da própria função do Poder Judiciário, a quem cumpre solucionar os mais diversos conflitos que as partes a ele submetem, mediante a aplicação das normas legais correspondentes para a proteção do direito lesado[41].

A ausência de tratamento legislativo expresso não resulta, portanto, em impossibilidade jurídica do pedido[42]. Ademais, a aplicação da medida passa longe de representar intervenção do Estado no domínio econômico, não sendo, portanto, medida inconstitucional[43].

1.7. Técnica de Prevenção ou de Cessação da Conduta Delitiva

A intervenção judicial na administração de sociedades, medida naturalmente gravosa, tanto pode ser utilizada como técnica de prevenção, a fim de se evitar a concretização de um ilícito, quanto como a *ultima ratio* da parte lesada para fazer cessar uma conduta delitiva.

Efetivamente, a intervenção judicial na administração da sociedade pode, inclusive, ser a única solução viável à parte lesada, tendo em vista

---

[40] SANDOVAL, Carlos A. Molina. *Intervención judicial de sociedades comerciales*. Buenos Aires: La Ley, 2003, p. 157-158. Ver, também: FERRARO, Bruno. *Delle società*. Padova: CEDAM, 1989, p. 221; PLETI. *Intervenção judicial em sociedade empresária...*, p. 137-138.

[41] GAGGERO. *Intervención judicial de sociedades comerciales...*, p. 21-22; SANDOVAL. *Intervención judicial de sociedades comerciales...*, p. 78; MELLO, Eugenio Xavier de. Intervención judicial de sociedades comerciales y acción de remoción de sus administradores o directores. In: BUGALLO, Beatriz; MILLER, Alejandro (coord.). *Derecho societario*: Ferro Astray, *in memoriam*. Montevideo y Buenos Aires: BdeF, 2007, p. 558. Também nessa linha: PIMENTA, Alberto. *Suspensão e anulação de deliberações sociais*. Coimbra: Coimbra Editora, 1965, p. 77.

[42] TJRJ, 7ª Câmara Cível, APC 1995.001.00439, Rel. Des. Marlan de Moraes Marinho, j. 11/04/1995; PLETI. *Intervenção judicial em sociedade empresária...*, p. 133 ss.

[43] TJRS, 1ª Câmara Cível, AI 585018450, Rel. Des. Túlio Medina Martins, j. 11/06/1985; PEREIRA. *Medidas urgentes no direito societário...*, p. 210-211; PLETI. *Intervenção judicial em sociedade empresária...*, p. 59-60.

que o recurso à responsabilização civil (do controlador, do administrador ou mesmo dos sócios minoritários), encaminhamento natural dado pela legislação brasileira[44], muitas vezes se demonstra totalmente extemporâneo e incapaz de resolver a situação abusiva[45].

Assim, o cometimento do ilícito ou mesmo a iminência de sua prática podem ser fatores suficientes para o emprego da intervenção, não sendo preciso aguardar a concretização do dano para a sua adoção[46]. A intervenção judicial, pode ser, desta forma, o melhor caminho a ser seguido em muitas situações, cabendo ao juízo avaliar a sua necessidade e pertinência[47].

1.8. Medida Alternativa

Ainda, a intervenção na administração da sociedade pode ser providência útil para evitar que se lance mão de soluções ainda mais drásticas, como a retirada do sócio espoliado e insatisfeito ou a própria dissolução de sociedade[48]. Nessa linha, é viável que tal medida colabore para que as tensões sejam amenizadas e a serenidade reestabelecida no seio social[49] — embora, na prática, seja preciso reconhecer que muitas vezes o acirramento das relações é irreversível.

As informações obtidas a partir da intervenção e o comportamento posterior das partes podem, além disso, fundamentar a adoção de outras

---

[44] *V.g.*, arts. 117, 158, 159 e 246 da Lei 6.404/76.

[45] COMPARATO, Fábio Konder. Exclusão de sócio nas sociedades de responsabilidade limitada. *Revista de Direito Mercantil*, v. 16, n. 25, 1977, p. 48; COMPARATO; SALOMÃO FILHO. *O poder de controle na sociedade anônima...*, p. 383 ss; GUERREIRO, José Alexandre Tavares. Sociologia do poder na sociedade anônima. *Revista de Direito Mercantil, Industrial, Econômico e Financeiro*, São Paulo, a. 29, n. 77, jan./mar. 1990, p. 56; SALOMÃO FILHO, Calixto. Deveres fiduciários do controlador. In: ___. *O novo direito societário*. 3 ed. rev. e ampl. São Paulo: Malheiros, 2006, p. 167-177, p. 175-177; ADAMEK, Marcelo Vieira von. *Responsabilidade civil dos administradores de S/A e as ações correlatas*. São Paulo: Saraiva, 2009, p. 507-508.

[46] Luiz Guilherme Marinoni bem anota que o dano não se mistura com o ilícito e que, por isso, é viável a tutela específica do ato ilícito (tutela inibitória, no caso analisado pelo processualista) distinta da mera tutela ressarcitória do dano; o dano não é consequência natural e necessária do ato ilícito (MARINONI, Luiz Guilherme. *A tutela inibitória*. 3 ed. rev., atual. e ampl. São Paulo: Revista dos Tribunais, 2003, p. 35 ss).

[47] PLETI. A tutela de urgência de intervenção judicial em sociedade anônima ou limitada..., p. 713; PLETI. *Intervenção judicial em sociedade empresária...*, p. 151-152.

[48] COZIAN; VIANDIER; DEBOISSY. *Droit des sociétés...*, p. 234.

[49] COZIAN; VIANDIER; DEBOISSY. *Droit des sociétés...*, p. 234.

medidas necessárias à tutela de interesses em jogo, como a desconsideração da personalidade jurídica[50].

No limite, os dados colhidos pelo interventor, o proceder das partes e a reincidência dos sócios na nomeação de administradores que pratiquem irregularidades podem, cada um deles ou conjuntamente, ensejar a aplicação de outras medidas, como a exclusão de sócios pela quebra do dever de lealdade (CC, arts. 1.030 e 1.085) e a sua responsabilização civil.

1.9. Inafastabilidade da Aplicação da Medida

Não é o fato de ser competência dos sócios a nomeação e a destituição dos administradores que deve fazer com que não seja possível a intervenção judicial, sob pena de se criar um círculo vicioso em que o Poder Judiciário venha a destituir o administrador, e os sócios venham a nomear, novamente, um gestor que pratique ilícitos[51].

Além disso, não se pode temer a intervenção judicial por conta da potencial quebra da *affectio societatis*. Isso porque, além de a *affectio societatis* não consistir em elemento existencial de nenhuma espécie societária e não possuir qualquer função no plano jurídico[52], a intervenção judicial pode justamente auxiliar na busca de soluções para eventuais conflitos.

---

[50] PLETI. *Intervenção judicial em sociedade empresária...*, p. 141-144.
[51] José Waldecy Lucena, apesar de entender viável a destituição de administradores por justa causa, tendo em vista poder ser mecanismo de tutela dos minoritários e diante da universalidade da jurisdição, assim sustenta: "Desaconselhamos, todavia, enveredarem os minoritários por essa via morosa e difícil e que acabará por não ditar solução definitiva para sua pretensão. É que, mesmo acolhida a demanda, o Judiciário limitar-se-á simplesmente a destituir o dirigente, não podendo nomear-lhe substituto definitivo, já que tal é ato *interna corporis* da sociedade, privativo dos sócios. Poderá quando muito nomear um interventor, que administrará a sociedade até que seja eleito o novo administrador. Ocorre, no entanto, que sendo o destituído sócio majoritário, ou tendo o apoio da maioria, acabará por se fazer eleger novamente administrador, ou elegerá sócio do mesmo grupo majoritário. Em suma, como alertou Cunha Peixoto, cair-se-á em um círculo vicioso." "A solução, ao parecer da doutrina, é a dissolução e liquidação da sociedade." (LUCENA, José Waldecy. *Das sociedades limitadas*. 6 ed. Rio de Janeiro: Renovar, 2005, p. 483). Caminhando no mesmo sentido, ver: PEIXOTO. *A sociedade por cotas de responsabilidade limitada*, v. I..., p. 334-335.
[52] FRANÇA; ADAMEK. "Affectio societatis": um conceito jurídico superado no moderno direito societário pelo conceito de "fim social"...

Não se pode, independentemente do tipo societário, admitir a prática de ilícitos sem que seja possível a intervenção do Poder Judiciário[53].

O que afasta a aplicação da medida é a verificação, *in concreto*, se preenchidos estão os requisitos à sua aplicação – e não pura e simplesmente a existência de outros mecanismos no âmbito do direito societário ou civil bem como eventual receio quanto às consequências para a relação entre os sócios.

1.10. Amadurecimento do Instituto

Verifica-se um amadurecimento no tratamento dispensado pela doutrina e pela jurisprudência ao tema. Estudos começam, aos poucos, a surgir e os tribunais têm cada vez menor resistência à utilização do instituto da intervenção judicial em sociedades em casos efetivamente necessários.

Nota-se, ultimamente, que a negativa jurisdicional quanto à intervenção se materializa quando o pedido é desprovido de suporte probatório que empreste veracidade à pretensão — isso porque, face à gravidade da medida, exige prova robusta da base fática que a autoriza[54].

Assim, em que pese a lacuna na legislação brasileira a respeito da medida, o uso da intervenção judicial na administração das sociedades é uma tendência no Brasil[55].

---

[53] Nessa linha: PLETI. Intervenção judicial em sociedade empresária..., p. 144-148".
[54] TJRS, 5ª Câmara Cível, AI 599200672, Rel. Des. Carlos Alberto Bencke, j. 20/05/1999.
[55] BULGARELLI. *Regime jurídico da proteção às minorias nas S.A...*, p. 25. Para uma análise da evolução do tema, ver: PLETI. *Intervenção judicial em sociedade empresária...*, p. 69 ss.

2. Natureza Jurídica da Intervenção e do Interventor

Usualmente se diz que a intervenção consiste na designação de uma pessoa para participar da administração da sociedade, mediante requerimento de um sócio ou acionista, determinada por um juiz com caráter provisório e frente a circunstâncias excepcionais[56].

Sua natureza jurídica é de medida cautelar ou de antecipação de tutela, porquanto busca garantir a efetividade e o resultado útil do processo[57] (normalmente uma dissolução de sociedade, apuração de haveres, inventário, divórcio, dissolução de união estável, execução, entre outros). Daí porque está sempre em relação de instrumentalidade com uma providên-

---

[56] HOLZ, Eva; POZIOMEK, Rosa. *Curso de derecho comercial*. 3 ed. Montevideo: Amalio M. Fernandez, 2016, p. 94-95.

[57] TJRS, 5ª Câmara Cível, AI 70065917312, Rel. Des. Isabel Dias Almeida, j. 30/09/2015; TJMG, 11ª Câmara Cível, AI 1.0702.14.047965-1/001, Rel. Des. Alexandre Santiago, j. 24/09/2014; TJPR, 13ª Câmara Cível, AI 708.784-7, Rel. Des. Gamaliel Seme Scaff, j. 22/06/2011. Na doutrina: GAGGERO. *Intervención judicial de sociedades comerciales...*, p. 28, 32, 58; MELLO. Intervención judicial de sociedades comerciales y acción de remoción de sus administradores o directores..., p. 576 ss; VIDAL NETO. *Intervenção judicial na administração de sociedade...*, p. 40 ss.; ROITMAN, Horacio; AGUIRRE, Hugo; CHIAVASSA, Eduardo. *Manual de sociedades comerciales*. Buenos Aires: La Ley, 2009, p. 324.

cia sucessiva que busca proteger[58] — apesar de ser possível ter carga autossatisfativa, não sendo necessário um juízo posterior[59].

Trata-se, portanto, de tutela de urgência, muitas vezes indispensável na seara societária[60], especialmente quando se leva em consideração o

---

[58] GAGGERO. *Intervención judicial de sociedades comerciales...*, p. 13-58-59; MELLO, Eugenio Xavier de. Intervención judicial de las sociedades comerciales y acciones de responsabilidad de sus administradores o directores. In: MONTENEGRO, Alicia Ferrer; GAFFERA, Gerardo (coord.). *Responsabilidad de administradores y socios de sociedades comerciales*. Montivedeo: FCU, 2006, p. 525-537, p. 526; MELLO. Intervención judicial de sociedades comerciales y acción de remoción de sus administradores o directores...., p. 559 ss.

[59] Como ocorre no Uruguai, como prevê o art. 184 da *Ley de Sociedades Comerciales* (HOLZ; POZIOMEK. *Curso de derecho comercial...*, p. 94; MELLO. Intervención judicial de sociedades comerciales y acción de remoción de sus administradores o directores..., p. 559-560).

[60] "(...) o direito societário, muito mais do que outros ramos, não se coaduna com um processo ordinário e reclama, por isso, uma tutela de urgência." (PEREIRA. *Medidas urgentes no direito societário...*, p. 11-12). "Muchas veces la solución al problema se dilata en el tiempo y la resolución de la disputa judicial puede tornar abstractos los derechos del accionante: se procura evitar justamente ello." (SANDOVAL. *Intervención judicial de sociedades comerciales...*, p. 157-158). Ver, também: PLETI. *Intervenção judicial em sociedade empresária...*, p. 119 ss. Assim, é de clareza solar que, para que seja efetiva a intervenção judicial na administração de sociedade, deve ela ser concedida em tutela de urgência. E, a depender da situação, a intervenção judicial na administração da sociedade pode ser postulada (*i*) em antecipação de tutela (*v.g.*: TJMG, 11ª Câmara Cível, AI 2.0000.00.322472-6/000, Rel. Des. Jurema Miranda, j. 22/11/2000; TJRJ, 14ª Câmara Cível, AI 1999.002.05671, Rel. Des. Mauro Nogueira, j. 19/10/1999; TJRJ, 15ª Câmara Cível, AI 2002.002.02124, Rel. Des. Sérgio Lúcio Cruz, j. 13/03/2000; TJRJ, 8ª Câmara Cível, AI 2003.002.17987, Rel. Des. Helena Beckor, j. 25/05/2004; TJSC, 4ª Câmara Cível, AI 1998.014955-0, Rel. Des. Nelson Schaefer Martins, j. 10/02/2000) ou (*ii*) em cautelar preparatória ou incidental (*v.g.*: TJSP, 2ª Câmara de Direito Privado, APC 287.198-4/1-00, Rel. Des. Ariovaldo Santini Teodoro, j. 31/07/2007; TJRS, 5ª Câmara Cível, AI 70045755808, Rel. Des. Isabel Dias Almeida, j. 25/10/2011; TJRS, 5ª Câmara Cível, AI 70031125966, Rel. Des. Jorge Luiz Lopes do Canto, j. 23/07/2009; TJRS, 6ª Câmara Cível, AI 70002599694, Rel. Des. João Pedro Pires Freire, j. 01/08/2001, (*iii*) bem como em tutela específica de obrigação de fazer ou não fazer (*v.g.*: TJSP, 9ª Câmara de Direito Privado, AI 104.931-4/1, Rel. Des. Silva Rico, j. 23/02/1999). É clara, todavia, a necessidade de que o pedido seja compatível com o procedimento judicial, conforme: TJRJ, 7ª Câmara Cível, APC 1997.001.08166, Rel. Des. Áurea Pimentel Pereira, j. 03/03/1998; e TAMG, 1ª Câmara Cível, AI 2.0000.00.365104-7/000, Rel. Juiz Osmando Almeida, j. 30/10/2002 ("Agravo de instrumento. Liminar em ação de prestação de contas. Pedido de antecipação de tutela. Pretensão de destituir diretoria, nomear o autor e bloquear contas. Impossibilidade, já que o pedido há de ser compatível com o procedimento judicial pedido na ação. Recurso Provido para desvalidar a liminar concedida. A ação de Prestação de Contas, como já asseverado, dentro dos seus limites, presta-se ao esclarecimento de certas situações resultantes da administração de bens alheios, não sendo meio hábil para se proceder à apuração de pretensas irregularidades ocorridas na administração da sociedade.

perfil dinâmico da empresa[61] e a impossibilidade de se esperar a morosa marcha processual para tomada de decisões estratégicas e a realização de atos de gestão[62].

Assim, mesmo quando existente cláusula compromissória, muitas vezes não há tempo hábil para se aguardar a instituição da arbitragem, devendo tal medida ser tomada junto ao Poder Judiciário (como admitem os arts. 22-A e 22-B da Lei 9.307/96).

Nesse contexto, essa espécie de poder de controle externo[63] de cunho provisório e emergencial constitui uma arma poderosíssima contra os males corrosivos do tempo no processo[64].

É justamente a natureza de tutela de urgência do decreto de intervenção que autoriza a nomeação de administrador provisório em todo e qualquer processo judicial, desde que o contexto fático assim autorize, mesmo diante da inexistência de norma expressa nesse sentido[65].

Embora haja efeitos deletérios quanto à segurança jurídica e à previsibilidade das decisões judiciais, pode-se dizer que a positivação do instituto da intervenção judicial em sociedades chega a ser despicienda — como, aliás, tem demonstrado a jurisprudência —, na medida em que o *poder geral de cautela* do juiz, previsto no Código de Processo Civil (art. 294 e seguintes), tem sido suficiente para embasar a aplicação da medida pelo

---

Impossível e inadmissível antecipar, na Ação de Prestação de Contas, a destituição da Diretoria a que se pede a prestação de contas. A tutela jurisdicional antecipada há de ter exata pertinência ou adequação com o provimento judicial pedido na ação. A tutela antecipada não pode ter lugar no procedimento especial em questão, posto resultar este em provimento judicial que, na primeira fase, apenas declara a obrigação ou não, de prestar contas"). Ver, por todos: PEREIRA. *Medidas urgentes no direito societário...*, p. 221 ss; PLETI. *Intervenção judicial em sociedade empresária...*, p. 50 ss, 71 ss, 119 ss.

[61] Sobre os perfis da empresa (subjetivo, objetivo, funcional e institucional), ver: ASQUINI, Alberto. Perfis da empresa. Trad. de Fábio Konder Comparato. *Revista de Direito Mercantil, Industrial, Econômico e Financeiro*, São Paulo, n. 104, p. 108-126, out./dez. 1996.

[62] MAURIZI, Alessandro. L'articolo 700 CPC nel diritto delle società. *Rivista del Diritto Commerciale*, Roma, v. 1, 1991, p. 800 ss.; PEREIRA. *Medidas urgentes no direito societário...*, p. 26-30.

[63] COMPARATO; SALOMÃO FILHO. *O poder de controle na sociedade anônima...*, p. 67

[64] DINAMARCO, Cândido Rangel. *A reforma do Código de Processo Civil*. 2 ed. São Paulo: Malheiros, 1995, p. 138.

[65] VIDAL NETO. *Intervenção judicial na administração de sociedade...*, p. 10.

Poder Judiciário[66]. Do contrário, proclamar-se-ia "o triunfo da negação da própria justiça"[67].

Por fim, o administrador judicial interventor, em si, possui a natureza jurídica de *auxiliar da justiça,* nos exatos termos das figuras previstas no art. 149 e seguintes do Código de Processo Civil[68] (*v.g.*, o escrivão, o chefe de secretaria, o oficial de justiça, o perito, o depositário, o administrador, o intérprete, o tradutor, o mediador, o conciliador judicial, o partidor, o distribuidor, o contabilista e o regulador de avarias) — dispositivo cujo rol é tido como meramente exemplificativo[69]. É da Justiça, portanto, que provêm sua investidura e seus poderes[70].

---

[66] STJ, 4ª Turma, REsp 784.158/SP, Rel. Min. Cesar Asfor Rocha, j. 18/05/2006; TJRS, 1ª Câmara Cível, AI 585018450, Rel. Des. Túlio Medina Martins, j. 11/06/1985; TJRS, 5ª Câmara Cível, AI 70065917312, Rel. Des. Isabel Dias Almeida, j. 30/09/2015; TJSC, 2ª Câmara Cível, AI 2012.076107-1, Rel. Des. Gilberto Gomes de Oliveira, j. 10/07/2014; TJMG, 13ª Câmara Cível, AI 1.0720.13.005327-8/001, Rel. Des. Newton Teixeira Carvalho, j. 27/02/2014; TJMG, 9ª Câmara Cível, AI 1.0024.10.240452-2/005, Rel. Des. Luiz Artur Hilário j. 13/11/2012. Na doutrina: VIDAL NETO. *Intervenção judicial na administração de sociedade...*, p. 10, 40, 51; PLETI. *Intervenção judicial em sociedade empresária...*, p. 122 ss.

[67] COSTA, Philomeno J. da. Intervenção judicial imediata na vida interna social (parecer). *Revista dos Tribunais*, a. 62, v. 458, dez. 1973, p. 40 (que assim continua: "Pode afirmar-se com tranqüilidade, que a nossa farmacopéia processual ministra esses meios. Basta que antes a patologia na espécie em apreço indique o curativo pronto.").

[68] TJMG, 16ª Câmara Cível, AI 1.0056.14.026071-4/001, Rel. Des. Otávio Portes, j. 24/11/2016; TJMG, 16ª Câmara Cível, AI 1.0351.10.006077-8/001, Rel. Des. Wagner Wilson, j. 06/07/2011. Na doutrina: GAGGERO. *Intervención judicial de sociedades comerciales...*, p. 70; HOLZ; POZIOMEK. *Curso de derecho comercial...*, p. 95; VIDAL NETO. *Intervenção judicial na administração de sociedade...*, p. 93; ROITMAN; AGUIRRE; CHIAVASSA. *Manual de sociedades comerciales...*, p. 345.

[69] VIDAL NETO. *Intervenção judicial na administração de sociedade...*, p. 93.

[70] GAGGERO. *Intervención judicial de sociedades comerciales...*, p. 70.

3. Espécies de Intervenção

A intervenção judicial na administração de sociedades opera com base no *princípio da graduação*. Isto é, o peso da medida deve ser graduado em função do caso concreto[71], podendo assumir diferentes graus de intensidade (*e.g.*, nomeação de um simples observador, um cogestor ou até um gestor, entre outras possibilidades)[72-73].

A depender das particularidades da hipótese fática — o que inclui desde a análise da ilicitude praticada até a estrutura da sociedade —, a intervenção judicial pode assumir diferentes relevos, que podem ser classificados como mais ou menos invasivos.

---

[71] VERÓN, Alberto Victor. *Tratado de los conflictos societarios*. Buenos Aires: La Ley, 2006, p. 505. Igualmente, ver: GAGGERO. *Intervención judicial de sociedades comerciales...*, p. 13-14, 34, 38; ROITMAN; AGUIRRE; CHIAVASSA. *Manual de sociedades comerciales...*, p. 327; MELLO. Intervención judicial de sociedades comerciales y acción de remoción de sus administradores o directores.., p. 557.

[72] MERLINSKI, Ricardo. *Manual de sociedades comerciales*. 2 ed. actual. Montevideo: Carlos Alvares Editor, 2008, p. 124.

[73] Na Argentina, o art. 115 da *Ley General de Sociedades* (*Ley 19.550* de 1984) assim dispõe sobre as espécies de interventor: "La intervención puede consistir en la designación de un mero veedor, de uno o varios coadministradores, o de uno o varios administradores". No Uruguai, a *Ley de Sociedades Comerciales* (*Ley 16060* de 1989) dispõe no mesmo sentido, em seu art. 186, acrescentando a figura do administrador "executor de medidas concretas": "La intervención podrá consistir en la designación de un mero veedor, de un ejecutor de medidas concretas o de uno o varios coadministradores. También podrá designarse uno o varios administradores que desplazarán provisoriamente a quienes desempeñen tales funciones".

Abaixo serão examinadas as formas de intervenção judicial na administração de sociedades, ordenadas com base na intensidade da medida, respeitando uma sequência crescente.

3.1. Observador

A nomeação de um observador é a modalidade mais branda de intervenção, sobretudo porque não impõe a remoção dos administradores designados pelos sócios[74].

Seu objetivo é assegurar a integridade do patrimônio societário, garantir que os sócios mantenham o acompanhamento da marcha dos negócios, bem como a regularidade do manejo dos fundos sociais[75].

Ante a impossibilidade de uma inspeção judicial constante e aprofundada na empresa, o juiz a encomenda a um administrador judicial por cujos olhos se verão o exercício da atividade e as suas dificuldades[76]. Assim, o interventor enxerga *pelo* magistrado[77], em uma espécie de *exame ocular por interposta pessoa*, realizando verdadeira inspeção na administração social[78].

---

[74] VERÓN. *Tratado de los conflictos societarios...*, p. 505; ROITMAN; AGUIRRE; CHIAVASSA. *Manual de sociedades comerciales...*, p. 328; HOLZ; POZIOMEK. *Curso de derecho comercial...*, p. 95.

[75] VERÓN. *Tratado de los conflictos societarios...*, p. 509.

[76] GAGGERO. *Intervención judicial de sociedades comerciales...*, p. 13-61.

[77] GAGGERO. *Intervención judicial de sociedades comerciales...*, p. 13-61; VERÓN. *Tratado de los conflictos societarios...*, p. 511.

[78] O art. 2.409 do *Codice Civile* italiano prevê, expressamente, a possibilidade de intervenção judicial na administração de sociedade para apuração do cometimento de violação aos deveres dos administradores. Trata-se de uma espécie de inspeção judicial, com efeito semelhante ao da nomeação de um *veedor* ("Se vi è fondato sospetto che gli amministratori, in violazione dei loro doveri, abbiano compiuto gravi irregolarità nella gestione che possono arrecare danno alla società o a una o più società controllate, i soci che rappresentano il decimo del capitale sociale o, nelle società che fanno ricorso al mercato del capitale di rischio, il ventesimo del capitale sociale possono denunziare i fatti al tribunale con ricorso notificato anche alla società. Lo statuto può prevedere percentuali minori di partecipazione" "Il tribunale, sentiti in camera di consiglio gli amministratori e i sindaci, può ordinare l'ispezione dell'amministrazione della società a spese dei soci richiedenti, subordinandola, se del caso, alla prestazione di una cauzione. Il provvedimento è reclamabile". Caso seja confirmada a irregularidade e ela seja grave, o magistrado pode afastar um ou mais administradores e nomear um administrador judicial. A medida também está positivada no art. 186 da *Ley de Sociedades Comerciales* (*Ley 16060* de 1989) uruguaia. Na Argentina, tal medida aparece no art. 115 da *Ley General de Sociedades* (*Ley 19.550* de 1984) argentina; ainda, o art. 224 do *Codigo Procesal Civil y Comercial de la Nacion* (*CPCCCN*) assim dispõe sobre o interventor informante: "De oficio o a petición de

Nessa linha, o interventor observador inspeciona e controla a sociedade para informar o juiz sobre qualquer irregularidade[79].

A medida busca proteger, ainda que de modo mediato, o interesse social, prevenindo o esvaziamento do patrimônio da sociedade, a retirada ilegal de valores por parte de sócios e administradores ligados ao controlador, e a dilapidação do acervo por má gestão, elementos fáticos extremamente relevantes para justificar a utilização do remédio.

Trata-se de medida cautelar bastante útil, especialmente quando um sócio não consegue exercer seu direito de fiscalização, seja porque o controlador lhe sonega as informações a que tem direito ou porque se desligou da sociedade (em razão de exclusão, exercício do recesso, saída voluntária, entre outras formas de dissolução parcial)[80] e não consegue acompanhar a marcha dos negócios durante a apuração dos seus haveres[81].

---

parte, el juez podrá designar un interventor informante para que dé noticia acerca del estado de los bienes objeto del juicio o de las operaciones o actividades, con la periodicidad que se establezca en la providencia que lo designe". Na França, nas sociedades limitadas, existe a possibilidade de sócios (bem como o Ministério Público ou o *comité d'entreprise*) que tenham ao menos 10% do capital social, individualmente ou em grupo, requeiram judicialmente a designação de um especialista encarregado de apresentar um relatório de uma ou mais operações sociais determinadas realizadas pela adminsitração (é o *expert de gestion*, previsto no *Code de Commerce*, art. L. 223-37); também existe essa possibilidade nas sociedades por ações, em um procedimento um pouco mais complexo e que confere legitimidade a terceiros, como ao Ministério Público e ao *comité d'entreprise* (*Code de Commerce*, art. L. 225-231). Não preenchidos os requisitos para a indicação de um *expert de gestion*, é possível, com base no art. 145 do *Code de Procédure Civil*, a nomeação de um *expert in futurum*; também conhecido como *expert préventive* ou *référé probatoire*, com a finalidade de coletar ou conservar provas para um processo judicial; na França, igualmente, admite-se a nomeação de um *contrôleur* ou *observateur de gestion* com o objetivo de olhar e ouvir, *i.e.*, fiscalizar atos da sociedade, podendo, por exemplo, assistir as deliberações sociais, divulgar aos credores atos que possam comprometer o valor das ações e supervisionar a regularidade e a efetividade dos atos da administração (COZIAN; VIANDIER; DEBOISSY. *Droit des sociétés...*, p. 236-241; LEMEUNIER, Francis. *Société à responsabilité limitée*. 26 éd. Paris: Delmas, 2008, p. 318-321; RIPERT, G.; ROBLOT, R. *Traité de droit des affaires*, t. 2. 20 éd. Paris: LGDJ, 2011, p. 249, 560-565).

[79] HOLZ; POZIOMEK. *Curso de derecho comercial...*, p. 95.

[80] Sobre o tema, ver: BARBI FILHO, Celso. *Dissolução parcial de sociedade limitada*. Belo Horizonte: Mandamentos, 2004; FONSECA, Priscila Corrêa da. *Dissolução parcial, retirada e exclusão de sócio no novo Código Civil*. 4 ed. São Paulo: Atlas, 2007; SPINELLI, Luis Felipe. *Exclusão de sócio por falta grave na sociedade limitada*. São Paulo: Quartier Latin, 2015.

[81] TJRS, 6ª Câmara Cível, AI 70059261958, Rel. Des. Ney Wiedemann Neto, j. 26/06/2014 (assim decidindo: "nomeação de administrador judicial, que em razão do afastamento das agravantes da sociedade, poderá pelo Juízo exercer de modo direto e intenso a fiscalização

A alternativa pode ser proveitosa, também, na hipótese de penhora de quotas, a fim de evitar desvios patrimoniais ou manobras contábeis que possam frustrar a execução[82].

O administrador judicial observador também pode se justificar em caso de inventários litigiosos, quando herdeiros não têm acesso aos dados e informações de empresas cujas quotas são objeto de inventário[83], bem

---

dos atos praticados pelos administradores"). Sobre o tema, ver: FONSECA. *Dissolução parcial, retirada e exclusão de sócio no novo Código Civil...*, p. 178-179 (que assim leciona: "Entre as medidas cautelares inominadas que, como antecedentes ou incidentes da ação de dissolução parcial ou de exclusão, podem ser postuladas pelo sócio retirante ou excluído, temos: i. A nomeação de interventor para fiscalizar a sociedade enquanto tenha curso a ação de dissolução parcial, evitando que, durante esse interregno, possam os sócios remanescentes malversar os recursos da sociedade, dissipar os bens integrantes do ativo, forjar dívidas inexistentes, alterar a contabilidade, conduzir a sociedade a uma fictícia situação de insolvência, tudo com o escopo de minimizar ao máximo o valor das cotas tituladas pelo dissidente, frustrar o pagamento da importância correspondente ao reembolso do capital do sócio que se afasta da sociedade, ou mesmo prejudicar a empresa por ato de má gestão." "Cuida-se de medida cautelar que dificilmente é deferida de plano pelo magistrado, uma vez que implica a ingerência, por parte de terceiros alheios aos quadros sociais, na administração da sociedade. Em alguns casos, porém, é a única providência eficaz para assegurar ao sócio retirante condições para um correto levantamento do patrimônio líquido da sociedade." "Diante de certas circunstâncias, visando evitar a intervenção de estranho na gerência da sociedade, os tribunais têm restringido as funções do interventor, atribuindo-lhe apenas poderes de fiscalização, ou mesmo cingindo a nomeação para o 'fim específico de reunir a documentação necessária para a apuração de haveres, se os sócios remanescentes estão a criar óbices para o regular desenvolvimento do processo. O que não se admite é a nomeação de interventor com a finalidade de administrar a sociedade em detrimento de seus sócios'." "É evidente que, nesses casos, a nomeação, pelo Poder Judiciário, de um agente meramente fiscalizador não implica a destituição dos administradores da sociedade. Há hipóteses, porém, em que essa destituição, ainda que temporária, impõe-se como meio de 'assegurar a idoneidade na realização de prova pericial'. Pode, assim, a medida vir a ser cumulada com pedido de afastamento do sócio da gerência da sociedade.").

[82] TJPR, 13ª Câmara Cível, AI 708.784-7, Rel. Des. Gamaliel Seme Scaff, j. 22/06/2011 (assim decidindo: "Esse administrador não tem outra missão que não a de 'acompanhar o dia-a-dia da sociedade' e somente se houver gestão (...) tendente à dilapidação do patrimônio — e obviamente, que ponha em risco o valor das cotas sociais objeto da penhora —, é que poderá intervir para evitar a manobra. Por evidente que, nessas circunstâncias, o Administrador Judicial teria antes de comunicar o fato ao juízo que autorizaria ou não, medidas neutralizadoras. Assim, em última ratio, eventual intervenção se operaria pelo juízo e não por esse auxiliar do juízo que se revela apenas como 'fiscal' da regularidade da condução da empresa enquanto as cotas sociais não são avaliadas e levadas a leilão.").

[83] TJSP, 3ª Câmara de Direito Privado, AI 2124703-13.2016.8.26.0000, Rel. Des. Carlos Alberto Salles, j. 13/09/2013; TJPR, 11ª Câmara Cível, AI 1156199-4, Rel. Des. Gamaliel Seme Scaff, j. 20/08/2014; TJRS, 7ª Câmara Cível, AI 70047266028, Rel. Des. Sérgio Fernando de

como em divórcios e ações de dissolução de união estável, quando o cônjuge ou o companheiro administram com exclusividade a empresa comum ou cujas quotas ou ações são objeto de partilha[84].

Ainda, o interventor observador pode ser nomeado para fiscalizar e prestar informações ao magistrado acerca do efetivo cumprimento de determinada decisão judicial[85], funcionando, nesse caso, como um informante do juiz[86].

Para a nomeação do observador, não se impõe a remoção dos atuais administradores da sociedade. Isso porque o terceiro somente observa, controla e fiscaliza os órgãos sociais de administração, garantindo o acesso à informação ao sócio alijado e ao juiz (bem como a eventual terceiro interessado).

Ainda, dependendo do caso, a nomeação pode evidenciar a necessidade de agravamento das medidas a serem tomadas[87]. Aliás, é preferível a nomeação de administrador judicial observador a adoção de outras modalidades mais invasivas de intervenção na sociedade, sendo facultado ao juiz, como referido, elevar o grau de intervenção caso se faça necessário.

Claro que o magistrado, em função da fungibilidade das tutelas cautelares, pode livremente optar pela medida mais efetiva ao caso concreto, mas a preferência há de ser, sempre, pela forma mais tênue de intervenção[88].

Para efetivar a medida, basta franquear acesso do administrador judicial às informações gerenciais e contábeis (incluindo livros e documentos,

---

Vasconcellos Chaves, j. 14/03/2012; TJRS, 7ª Câmara Cível, AI 70012776159, Rel. Des. Ricardo Raupp Ruschel, j. 23/11/2005; TJRS, 7ª Câmara Cível, AI 70006242630, Rel. Des. José Carlos Teixeira Giorgis, j. 25/06/2003; TJRS, 5ª Câmara Cível, AI 591009584, Rel. Des. Ruy Rosado de Aguiar Júnior, j. 28/03/1991.

[84] TJRS, 7ª Câmara Cível, AI 70053629440, Rel. Des. Sérgio Fernando de Vasconcellos Chaves, j. 08/05/2013 (dissolução de união estável); TJRS, 7ª Câmara Cível, AI 70042563148, Rel. Des. Sérgio Fernando de Vasconcellos Chaves, j. 25/05/2011 (divórcio); TJRS, 8ª Câmara Cível, APC 70038779682, Rel. Des. Rui Portanova, j. 17/03/2011 (dissolução união estável); TJRS, 7ª Câmara Cível, AI 70038046306, Rel. Des. Sérgio Fernando de Vasconcellos Chaves, j. 23/02/2011 (dissolução de união estável); TJRS, 8ª Câmara Cível, AI 70019122480, Rel. Des. Rui Portanova, j. 10/05/2007 (divórcio); TJRS, 7ª Câmara Cível, AI 70001894237, Rel. Des. Maria Berenice Dias, j. 21/02/2001 (divórcio).

[85] VIDAL NETO. *Intervenção judicial na administração de sociedade...*, p. 61.
[86] SANDOVAL. *Intervención judicial de sociedades comerciales...*, p. 203.
[87] VERÓN. *Tratado de los conflictos societarios...*, p. 505 ss.; GAGGERO. *Intervención judicial de sociedades comerciales...*, p. 61.
[88] TJRJ, 14ª Câmara Cível, AI 2.160/98, Rel. Des. José Affonso Rondeau, j. 15/6/1998.

extratos de contas bancárias e aplicações financeiras, inventário de bens, entre outros)[89], assim como aos estabelecimentos da sociedade.

Há precedentes que expressamente admitem que o administrador judicial acompanhe à distância, via *online*, as movimentações financeiras das empresas objeto de sua fiscalização[90].

Na verdade, se bem examinada, a jurisprudência estrangeira revela a existência de diferentes tarefas desempenhadas pelo administrador judicial observador, que pode cumprir missões que vão (*i*) de uma simples intervenção para obter informações acerca do estado de bens, operações ou atividades objeto de litígio judicial (*observador informante*), passando (*ii*) pela fiscalização e vigilância continuada da sociedade objeto da intervenção ou de uma área específica desta (*observador fiscal*), podendo chegar (*iii*) ao exercício de atividades de inspeção e auditoria (*observador auditor*)[91].

3.2. Cogestor

A nomeação de um cogestor constitui uma modalidade intermediária de intervenção, mais incisiva do que a nomeação de um mero observador, porém não tão invasiva quanto a de um gestor em substituição aos administradores ordinariamente eleitos pelos sócios[92].

O cogestor tem poderes para gerir a sociedade em conjunto com os administradores indicados pelos sócios, podendo se somar aos gestores existentes ou substituir um (ou mais) deles afastados por decisão judicial[93], inclusive a figura do controlador[94]. Pode, também, juntar-se ao controlador na condução do negócio a fim de garantir, por exemplo, o respeito das

---

[89] ROITMAN; AGUIRRE; CHIAVASSA. *Manual de sociedades comerciales...*, p. 328.
[90] TJRS, 6ª Câmara Cível, AI 70073131286, Rel. Des. Luís Augusto Coelho Braga, j. 11/05/2017.
[91] VERÓN. *Tratado de los conflictos societarios...*, p. 508-511.
[92] SILVA, Ovídio Baptista da. *Do processo cautelar*. Rio de Janeiro: Forense, 1996, p. 123. Está prevista, por exemplo, no art. 115 da *Ley General de Sociedades* argentina e no art. 186 da *Ley de Sociedades Comerciales* uruguaia. Na Espanha, a cogestão com poder de veto (poder para intervir em todas as operações) está expressamente prevista no art. 132 do Código de Comércio.
[93] TJMG, 12ª Câmara Cível, AI 1.0024.13.050618-1/007, Rel. Des. Saldanha da Fonseca, j. 10/12/2014.
[94] TJRS, 6ª Câmara Cível, AI 70012576989, Rel. Des. Antônio Corrêa Palmeiro da Fontoura, j. 28/09/2005.

regras referentes à apuração dos haveres do sócio retirante e a efetividade da dissolução parcial da sociedade[95].

O cogestor terá participação na administração da sociedade, sendo que os outros administradores naturais da sociedade permanecem em seus cargos, mas podem ficar impossibilitados, por exemplo, de tomar decisões sem a aprovação do interventor quando isso for determinado pelo juiz[96].

Normalmente, são atribuídos ao terceiro nomeado nessas condições as mesmas prerrogativas do administrador observador, acrescidas de certos poderes ordinários de gestão e representação da sociedade, tais como: autorizar pagamentos, realizar contratações (podendo-se estabelecer gatilhos de controle, a exemplo da determinação de alçada em dinheiro acima da qual cessam automaticamente os poderes do gestor), assinar cheques em conjunto com outros administradores[97], movimentar, com exclusividade, os fundos sociais[98], entre outras atribuições.

Nessa modalidade, a cogestão usualmente se materializa no controle da movimentação financeira da sociedade objeto de intervenção — facultado o controle à distância, via *online*[99] — e tem como objetivo primordial evitar o esvaziamento patrimonial e a má gestão dos recursos sociais[100].

---

[95] TJPR, 17ª Câmara Cível, AI 1358673-7, Rel. Des. Luis Sérgio Swiech, j. 21/10/2015. Observe-se que o Poder Judiciário já se manifestou no sentido de que, em caso de dissenso, prevaleceria a decisão do interventor, conforme: TAPR, 7ª Câmara Cível, AI 263.901-6, Rel. Juiz Miguel Pessoa, j. 30/06/2004 ("Agravo de Instrumento. Medida cautelar inominada. Afastamento do sócio da gerência. Mantida a fiscalização. Decisão fundamentada em provas documentais que conduzem ao convencimento de prejuízo aos interesses da sociedade. Co-gestão desrespeitada. Recurso improvido. Havendo dissenso entre os sócios e interesse comum na dissolução da sociedade, esta deve ser gerida enquanto se praticam os atos necessários à partilha, pelo sócio que melhor gerir os negócios e respeitar o interesse dos demais. Se o sócio gerente não atende as determinações judiciais, correta a sua substituição pelo outro, que detém igual parcela do patrimônio social. A nomeação de interventor da confiança do juiz e a imposição de administração conjunta deste com o sócio gerente e ainda, a prevalência da decisão daquele (interventor) quando houver dissenso, resguarda em princípio os interesses da sociedade. O expresso reconhecimento de integral liberdade de fiscalização ao sócio afastado da gerência, preserva os seus direitos na sociedade.").
[96] HOLZ; POZIOMEK. *Curso de derecho comercial...*, p. 95.
[97] TJRS, 6ª Câmara Cível, AI 70073131286, Rel. Des. Luís Augusto Coelho Braga, j. 11/05/2017.
[98] TJDF, 5ª Turma Cível, APC 3999496, Rel. Des. Júlio de Oliveira, j. 01/7/1996.
[99] TJRS, 6ª Câmara Cível, AI 70073131286, Rel. Des. Luís Augusto Coelho Braga, j. 11/05/2017.
[100] TJRS, 6ª Câmara Cível, AI 70073131286, Rel. Des. Luís Augusto Coelho Braga, j. 11/05/2017; TJRS, 6ª Câmara Cível, APC 70056058050 Rel. Des. Luís Augusto Coelho Braga, j. 18/09/2014; TJRS, 5ª Câmara Cível, AI 591110150, Rel. Des. Ruy Rosado de Aguiar Júnior, j. 19/12/1991.

Para além do controle, o decreto de intervenção pode prever que o administrador judicial gerencie uma área específica da empresa — como a financeira ou a contábil, por exemplo —, sendo de todo conveniente a expedição de ofício à Junta Comercial para efetivar e publicizar a medida[101]. Essa providência permite que terceiros possam recorrer ao órgão público registral para verificar a sua real situação societária.

No caso de cogestor apontado para realizar a administração financeira do negócio, pode-se buscar a preservação dos fundos sociais fazendo ingressar integralmente as receitas da sociedade em uma conta bancária única, cuja gestão fica sob a responsabilidade do administrador judicial[102].

Ademais, ao cogestor pode ser dado o poder de veto relativamente a certas decisões societárias[103] ou o voto de minerva nas sociedades paritárias (sociedades com dois sócios com igual poder político e que estejam em situação de paralisia pela divergência, chamado "contexto de *deadlock*") — hipótese em que a rivalidade entre os sócios impede que sejam deliberadas matérias vitais para o regular desenvolvimento dos negócios[104].

Já se verificou, por exemplo, a nomeação de cogestor com poderes específicos para presidir e conduzir uma assembleia geral de acionistas[105], medida que pode se revelar bastante útil para auxiliar a sociedade na superação de momentos de instabilidade e beligerância entre os sócios.

Em regra, a cogestão não abrange as áreas operacional e comercial[106], porém não há prejuízo de isso ocorrer caso o magistrado entenda pertinente para evitar danos, como já entendeu a jurisprudência no caso de entidade acusada de cometer ilícitos ambientais. Na ocasião, o Ministério Público pleiteou, com sucesso, em sede liminar, o afastamento de toda

---

[101] TJMG, 9ª Câmara Cível, AI 1.0024.10.240452-2/005, Rel. Des. Luiz Artur Hilário j. 13/11/2012. Ver, também: COZIAN; VIANDIER; DEBOISSY. *Droit des sociétés...*, p. 236.
[102] VERÓN. *Tratado de los conflictos societarios...*, p. 514.
[103] GAGGERO. *Intervención judicial de sociedades comerciales...*, p. 63; VERÓN. *Tratado de los conflictos societarios...*, p. 512, 517; HALPERIN, Isaac. *Curso de derecho comercial*, v. 1. 3 ed. Buenos Aires: Depalma, 1978, p. 374; ROITMAN; AGUIRRE; CHIAVASSA. *Manual de sociedades comerciales...*, p. 328; MERLINSKI. *Manual de sociedades comerciales...*, p. 125.
[104] VIDAL NETO. *Intervenção judicial na administração de sociedade...*, p. 82.
[105] PEREIRA. *Medidas urgentes no direito societário...*, p. 253-254.
[106] TJRS, 6ª Câmara Cível, AI 70070095690, Rel. Des. Luís Augusto Coelho Braga, j. 30/03/2017.

a diretoria técnica da pessoa jurídica, bem como a nomeação de gestor ambiental encarregado de fazer cessar a prática delitiva[107].

Ainda, pelo decreto de intervenção, a administração corrente pode perder a capacidade de presentar a sociedade de forma isolada, pelo menos em relação aos atos apontados na decisão[108]. Pode, também, o decreto de intervenção limitar os poderes da administração à prática de atos ordinários, tal qual o pagamento de valores devidos aos funcionários e a fornecedores[109].

3.3. Gestor

A mais intensa das modalidades de intervenção judicial é a nomeação de um ou mais interventores em substituição à totalidade ou parte da administração da sociedade[110]. Em razão disso, a concessão e a implementação da medida exigem extrema cautela por parte do magistrado[111], além da observância da sua aderência fática, da verossimilhança e da coerência do contexto narrado pelo requerente.

Trata-se de intervenção que enseja a suspensão dos órgãos diretivos da sociedade, os quais são provisoriamente substituídos por um ou mais representantes nomeados pelo Poder Judiciário, encarregando-se o gestor nomeado judicialmente pela administração da sociedade em todos os seus aspectos (podendo-se chegar a contratar terceiros que trabalharão sob suas ordens)[112].

Na hipótese, o administrador judicial assume a gestão e a presentação da sociedade. Fica responsável pela destinação dos bens e pela condução dos negócios sociais, com faculdade de direção e ingerência, atuando como presentante da sociedade, com independência em relação à vontade dos sócios[113] — já se tendo constatado, em pedido realizado pelo Ministério Público em Ação Civil Pública movida diante da crise da empresa e

---

[107] Processo nº 095/1.06.0003715-9, Vara Judicial de Estância Velha/RS.
[108] VIDAL NETO. *Intervenção judicial na administração de sociedade...*, p. 81.
[109] VIDAL NETO. *Intervenção judicial na administração de sociedade...*, p. 82.
[110] HOLZ; POZIOMEK. *Curso de derecho comercial...*, p. 95. Ver, também: COZIAN; VIANDIER; DEBOISSY. *Droit des sociétés...*, p. 234-236.
[111] VERÓN. *Tratado de los conflictos societarios...*, p. 514.
[112] GAGGERO. *Intervención judicial de sociedades comerciales...*, p. 61; ROITMAN; AGUIRRE; CHIAVASSA. *Manual de sociedades comerciales...*, p. 328; HOLZ; POZIOMEK. *Curso de derecho comercial...*, p. 95.
[113] GAGGERO. *Intervención judicial de sociedades comerciales...*, p. 61.

do impacto social, bem como questionamentos a respeito da regularidade da gestão, a formação de colegiado formado por cinco membros indicados pelo Estado, dos empregados da sociedade, dos acionistas, dos credores e dos municípios atingidos pela crise[114].

É medida drástica, invasiva na sua essência, mas possível diante das circunstâncias do caso concreto[115] — estando, inclusive, prevista, expressamente, no art. 107, §2º, da Lei Antitruste (Lei 12.529/2011) para o caso de a administração da empresa objeto de intervenção se recusar a colaborar com o interventor executor de medida concreta[116].

Essa espécie de intervenção normalmente se justifica quando há prova inequívoca de que os administradores estão desviando recursos da sociedade ou quando estão praticando atos de inegável gravidade que ponham em risco a própria continuação da empresa[117]. São exemplos dessa última hipótese a participação em empresa concorrente[118] e a paralisia dos órgãos sociais[119] (a inoperância dos órgãos sociais pode ocorrer, por exemplo, na situação de litígio extremado entre os sócios[120] ou entre marido e mulher em vias de separação que, sócios, se encontram em estado de grave beligerância[121]), bem como em contexto de dissolução parcial[122]. A nomeação de um gestor é medida que pode ser utilizada, ainda, para prevenir a

---

[114] Processo nº 2004.025.000354-0, 2ª Vara Cível da Comarca de Itaperuna, j. 30/01/2004.
[115] TJMG, 18ª Câmara Cível, AI 1.0696.13.004448-5/001, Rel. Des. João Cancio, j. 07/10/2014; TJMG, 9ª Câmara Cível, AI 1.0024.10.240452-2/005, Rel. Des. Luiz Artur Hilário j. 13/11/2012; TJRS, 6ª Câmara Cível, AI 70038782306, Rel. Des. Antônio Corrêa Palmeiro da Fontoura, j. 12/05/2011; TJRS, 6ª Câmara Cível, AI 70039660899, Rel. Des. Artur Arnildo Ludwig, j. 12/05/2011; TJRS, 8ª Câmara Cível, AI 70019122480, Rel. Des. Rui Portanova, j. 10/05/2007; TJRS, 6ª Câmara Cível, AI 70019295120, Rel. Des. Antônio Corrêa Palmeiro da Fontoura, j. 16/04/2007.
[116] No direito estrangeiro, a medida está expressamente prevista no art. 2.409 do *Codice Civile* italiano, no art. 115 *Ley General de Sociedades* (*Ley 19.550* de 1984) argentina e no art. 186 da *Ley de Sociedades Comerciales* (*Ley 16060* de 1989) uruguaia.
[117] TJRS, 6ª Câmara Cível, AI 70072506371, Rel. Des. Ney Wiedemann Neto, j. 25/05/2017. Na doutrina: VERÓN... *Tratado de los conflictos societarios...*, p. 514.
[118] TJRS, 6ª Câmara Cível, AI 70055157986, Rel. Des. Luís Augusto Coelho Braga, j. 12/09/2013.
[119] COZIAN; VIANDIER; DEBOISSY. *Droit des sociétés...*, p. 235.
[120] COZIAN; VIANDIER; DEBOISSY. *Droit des sociétés...*, p. 235.
[121] TJRS, 7ª Câmara Cível, AI 70053629440, Des. Rel. Sérgio Fernando de Vasconcellos Chaves, j. 08/05/2013. Ver, também: COZIAN; VIANDIER; DEBOISSY. *Droit des sociétés...*, p. 242.
[122] BARBI FILHO. *Dissolução parcial de sociedade limitada...*, p. 419.

continuação de práticas delitivas perpetradas por intermédio da própria pessoa jurídica[123].

Enfim, essa medida é possível desde que se trate de uma situação grave que inviabilize ou possa inviabilizar o funcionamento normal da sociedade[124], bem como para evitar os prejuízos decorrentes de uma administração pródiga, que vem cometendo graves irregularidades e tende a continuar cometendo-as[125]. Nesses casos, a nomeação do gestor se justifica especialmente na ausência de outra via jurídica eficaz para afastar o elemento causador do dano[126].

De mais a mais, a nomeação de gestor pode se justificar na hipótese de vacância de todos os postos da administração da pessoa jurídica, como expressamente dispõe o art. 49 do Código Civil[127] ou mesmo quando verificada a delegação da própria gestão, o que é vedado pelo art. 1.018 do Código Civil[128], entre outras hipóteses.

Em regra, o gestor tem poderes de direção e presentação da sociedade, com todos os poderes, direitos e faculdades para decidir, instrumentalizar e executar os negócios necessários ao bom andamento da atividade social[129]. Estão incluídos os poderes para decidir e efetuar gastos relacionados à administração ordinária da empresa, adquirir insumos, vender

---

[123] TJRS, 4ª Câmara Cível, MS 70070398540, Rel. Des. Newton Brasil de Leão, j. 20/10/2016. O caso em comento tratava-se de mandado de segurança impetrado pelo Ministério Público pretendendo a suspensão das atividades de empresa por intermédio da qual eram praticados crimes contra as relações de consumo, ilícitos que colocavam em risco a segurança alimentar. Para evitar a suspensão das atividades, medida considerada demasiadamente gravosa e prematura, preferiu o Tribunal a nomeação de administrador judicial temporário em substituição aos gestores nomeados pelo contrato social, cuja escolha deixou a cargo do magistrado de primeiro grau.

[124] COZIAN; VIANDIER; DEBOISSY. *Droit des sociétés...*, p. 234-235.

[125] SANDOVAL. *Intervención judicial de sociedades comerciales...*, p. 206-207.

[126] VERÓN. *Tratado de los conflictos societarios...*, p. 515.

[127] "Art. 49. Se a administração da pessoa jurídica vier a faltar, o juiz, a requerimento de qualquer interessado, nomear-lhe-á administrador provisório." Nesse sentido: TJDFT, 6ª Turma Cível, AI 2004.00.2.0003278-7, Rel. Des. Jair Soares, j. 31/05/2004.

[128] TJMG, 18ª Câmara Cível, AI 1.0696.13.004448-5/001, Rel. Des. João Cancio, j. 07/10/2014.

[129] MERLINSKI. *Manual de sociedades comerciales...*, p. 126; COZIAN; VIANDIER; DEBOISSY. *Droit des sociétés...*, p. 236.

mercadorias nas condições normalmente praticadas pela sociedade em mercado, entre outros[130].

Por outro lado, quando se tratar de ato de disposição ou de oneração de bens do ativo não circulante, atividades que não fazem parte do giro ordinário da empresa, recomenda-se a obtenção de autorização judicial prévia[131], como ocorre em regimes jurídicos de caráter provisório e/ou extraordinário, como no caso da recuperação judicial[132]. Tudo, evidentemente, depende do interesse da sociedade[133].

Além do mais, não é dado ao juiz conferir ao gestor mais poderes do que aqueles legalmente conferidos aos administradores de sociedades. Assim, não pode ser a ele atribuída competência que é exclusiva da assembleia de sócios, tal qual é o caso das deliberações sobre aumento ou redução de capital, alteração do objeto social ou decisão sobre o envolvimento da sociedade em operações societárias de qualquer espécie (incorporação, fusão, cisão ou transformação de tipo)[134].

O gestor pode se valer da colaboração de terceiros, como peritos, para o desenvolvimento dos negócios da sociedade[135]. Nesses casos, esses colabo-

---

[130] MERLINSKI. *Manual de sociedades comerciales...*, p. 126; COZIAN; VIANDIER; DEBOISSY. *Droit des sociétés...*, p. 236.

[131] VERÓN. *Tratado de los conflictos societarios...*, p. 515, 518; ROITMAN; AGUIRRE; CHIAVASSA. *Manual de sociedades comerciales...*, p. 348; HALPERIN. *Curso de derecho comercial...*, p. 374. No plano do direito legislado, o art. 225, item 5, do *Codigo Procesal Civil y Comercial de la Nacion (CPCCCN)* argentino assim dispõe: "Los gastos extraordinarios serán autorizados por el juez previo traslado a las partes, salvo cuando la demora pudiere ocasionar perjuicios; en este caso, el interventor deberá informar al juzgado dentro de tercero día de realizados. El nombramiento de auxiliares requiere siempre autorización previa del juzgado". No Uruguai, o art. 186 da *Ley de Sociedades Comerciales (Ley 16060* de 1989) assim dispõe: "Para enajenar y gravar los bienes que compongan el activo fijo deberán requerir autorización judicial expresa y fundada en cada caso. Igual disposición regirá para transar, conciliar o suscribir compromisos arbitrales".

[132] Nessa direção caminha o art. 66 da Lei 11.101/05: "Após a distribuição do pedido de recuperação judicial, o devedor não poderá alienar ou onerar bens ou direitos de seu ativo permanente, salvo evidente utilidade reconhecida pelo juiz, depois de ouvido o Comitê, com exceção daqueles previamente relacionados no plano de recuperação judicial."

[133] COZIAN; VIANDIER; DEBOISSY. *Droit des sociétés...*, p. 236.

[134] VERÓN. *Tratado de los conflictos societarios...*, p. 515. Ver, também: COZIAN; VIANDIER; DEBOISSY. *Droit des sociétés...*, p. 236.

[135] MERLINSKI. *Manual de sociedades comerciales...*, p. 125.

radores trabalharão sob as ordens e a responsabilidade do gestor[136] — sendo recomendável que a contratação de tais profissionais seja previamente autorizada pelo juiz ou árbitro responsável pela sua nomeação[137].

Ainda, se a gestão for exercida diretamente pelo administrador judicial, deverá esse ter habilitação para tanto[138], se assim exigido pelos atos constitutivos da sociedade ou pela legislação aplicável. É o caso de administrador judicial que assuma posição de direção técnica, cargo que os estatutos profissionais podem reservar aos profissionais legalmente habilitados e inscritos em seus respectivos órgãos de classe.

Em regra, no entanto, não se exige que o profissional apontado pelo juiz para exercer o cargo de administrador judicial tenha formação ou curso superior em administração de empresas. A aptidão para o cargo deve examinada a partir de critérios técnicos e práticos (isto é, experiência de mercado), e não apenas teóricos e acadêmicos.

Por fim, assim como ocorre na hipótese da cogestão, é recomendável que a nomeação do gestor seja oficiada à Junta Comercial para efetivar e publicizar a medida[139], bem como para advertir terceiros que mantêm relação com a sociedade sobre os indivíduos que passarão a presentá-la válida e eficazmente na consecução do seu objeto social[140].

3.4. Executor

Em muitos casos, não se busca a intervenção propriamente dita na administração da sociedade, mas tão somente um meio de dar cumprimento à decisão proferida pelo juiz, a fim de se obter o resultado prático equivalente[141].

---

[136] MERLINSKI. *Manual de sociedades comerciales...*, p. 125; HOLZ; POZIOMEK. *Curso de derecho comercial...*, p. 95.

[137] Nesse caso, aplica-se, analogamente, a previsão do art. 22, I, "h", da LREF, que regula os deveres e obrigações do administrador judicial na recuperação judicial e na falência. Nos termos da lei, o administrador judicial pode contratar, mediante autorização judicial, profissionais ou empresas especializadas para, quando necessário, auxiliá-lo no exercício de suas funções.

[138] TJMG, 16ª Câmara Cível, AI 1.0351.10.006077-8/001, Rel. Des. Wagner Wilson, j. 06/07/2011.

[139] TJMG, 9ª Câmara Cível, AI 1.0024.10.240452-2/005, Rel. Des. Luiz Artur Hilário j. 13/11/2012. Ver, também: COZIAN; VIANDIER; DEBOISSY. *Droit des sociétés...*, p. 236.

[140] TJMG, 9ª Câmara Cível, AI 1.0024.10.240452-2/005, Rel. Des. Luiz Artur Hilário j. 13/11/2012. Na doutrina: GAGGERO. *Intervención judicial de sociedades comerciales...*, p. 72.

[141] PEREIRA. *Medidas urgentes no direito societário...*, p. 221.

Em tais casos, convém denominar de "administrador executor" a figura do administrador mencionada em leis especiais e dispositivos esparsos do Código de Processo Civil, a qual cumpre exatamente esse papel[142].

Os poderes do administrador executor ficam restritos à prática de atos expressamente apontados no decreto de intervenção, não ficando responsável pela fiscalização, cogestão ou gestão da sociedade[143].

Há, portanto, uma limitação funcional na atividade exercida por esta figura jurídica. Se, por um lado, na cogestão o administrador fica responsável por uma área específica da administração da sociedade ou por controlar determinadas atividades e, na gestão, ele substitui a todos os administradores, na intervenção para execução de medida, ele apenas executa a tarefa especificamente assinalada pelo juiz no decreto de intervenção. Por isso, não há a necessidade de remoção dos administradores apontados pelos sócios[144].

Na verdade, funciona o administrador executor como uma *longa manus* do juiz, valendo-se de técnicas sub-rogatórias orientadas para substituir a atividade do jurisdicionado, de modo a cumprir e fazer cumprir quaisquer prestações previamente determinadas[145].

A situação mais corriqueira é a nomeação de administrador judicial em processos de execução para efetivar penhora de faturamento (CPC, art. 866)[146], embora haja uma série de outras situações previstas no Código de

---

[142] A expressão "administrador executor" foi inspirada na expressão "interventor executor de medidas concretas", expressamente prevista no direito uruguaio, presente no art. 186 da *Ley 16.060 de 1989 (Ley de Sociedades Comerciales)*.

[143] VIDAL NETO. *Intervenção judicial na administração de sociedade...*, p. 75.

[144] VIDAL NETO. *Intervenção judicial na administração de sociedade...*, p. 76.

[145] TALAMINI, Eduardo. Tutelas mandamental e executiva *lato sensu* e antecipação de tutela *ex vi* do artigo 461, §3º, do CPC. In: WAMBIER, Teresa Arruda Alvim (coord.). *Aspectos polêmicos da antecipação de tutela*. São Paulo: Revista dos Tribunais, 1997, p. 317. Ver, também, entre outros: MARINONI, Luiz Guilherme. *Tutela inibitória* (individual e coletiva). São Paulo: Revista dos Tribunais, 1998, p. 188. Ver, também: WATANABE, Kazuo. Tutela antecipatória e tutela específica das obrigações de fazer e não fazer. In: TEIXEIRA, Sálvio de Figueiredo (coord.). *Reforma do Código de Processo Civil*. São Paulo: Saraiva, 1996, p. 45.

[146] TJRS, 15ª Câmara Cível, AI 70070624861, Rel. Des. Vicente Barrôco de Vasconcellos, j. 24/05/2017; TJRJ, 13ª Câmara Cível, AI 0061761-71.2016.8.19.0000, Rel. Des. Mauro Pereira Martins, j. 22/03/2017; TJRS, 20ª Câmara Cível, AI 70070626981, Rel. Des. Glênio José Wasserstein Hekman, j. 11/10/2016; TJRS, 16ª Câmara Cível, AI 70067648741, Rel. Des. Catarina Rita Krieger Martins, j. 10/03/2016; TJRS, 16ª Câmara Cível, AI 70057446635, Rel. Des. Paulo Sérgio Scarparo, j. 19/12/2013; TJRS, 16ª Câmara Cível, AI 70055845986, Rel. Des. Paulo

Processo Civil e na legislação extravagante, cujo objetivo é justamente dar efetividade às decisões judiciais.

Assim, por exemplo, admite-se a nomeação de administrador na penhora de estabelecimento comercial, industrial ou rural — devendo o interventor apresentar plano de administração e esquema de pagamento (CPC, art. 862 e seguintes) — e na penhora de frutos e rendimentos de coisa móvel ou imóvel — devendo o interventor apresentar plano de administração e prestar contas dos frutos percebidos (CPC, art. 867 e seguintes)[147].

Também é possível a nomeação de administrador judicial para permitir a execução específica, pela via judicial, de decisões proferidas pelo Conselho Administrativo de Defesa Econômica – CADE (Lei 12.529/2011, art. 102)[148], podendo o juiz, em caso de resistência, afastar os administradores (art. 107) e até determinar que o interventor assuma a administração total da empresa (Lei de Defesa da Concorrência, art. 107, §§1º e 2º).

Na mesma linha do anteriormente explanado, é possível proceder na hipótese prevista no art. 84 do Código de Defesa do Consumidor: "Na ação que tenha por objeto o cumprimento da obrigação de fazer ou não fazer, o juiz concederá a tutela específica da obrigação ou determinará providências que assegurem o resultado prático equivalente ao do adimplemento".

Aliás, tanto a intervenção para a execução de medida determinada pelo CADE quanto aquela autorizada no CDC se equiparam ao regramento da

---

Sérgio Scarparo, j. 12/09/2013; TJRS, 16ª Câmara Cível, AI 70050010149, Rel. Des. Ergio Roque Menine, j. 09/08/2012; TJRS, 16ª Câmara Cível, AI 70049822406, Rel. Des. Ana Maria Nedel Scalzilli, j. 05/07/2012.

[147] Nesta linha, na Espanha, é prevista a intervenção ou administração judicial no art. 727, 2ª, da *Ley de Enjuiciamiento Civil*: "Art. 727. Medidas cautelares específicas. Conforme a lo establecido en el artículo anterior, podrán acordarse, entre otras, las siguientes medidas cautelares: 2.ª La intervención o la administración judiciales de bienes productivos, cuando se pretenda sentencia de condena a entregarlos a título de dueño, usufructuario o cualquier otro que comporte interés legítimo en mantener o mejorar la productividad o cuando la garantía de ésta sea de primordial interés para la efectividad de la condena que pudiere recaer". Assim também na Argentina, relativamente aos bens produtores de rendas ou frutos (VERÓN. *Tratado de los conflictos societarios...*, p. 510).

[148] Lei 12.529/2001: "Art. 102. O Juiz decretará a intervenção na empresa quando necessária para permitir a execução específica, nomeando o interventor. Parágrafo único. A decisão que determinar a intervenção deverá ser fundamentada e indicará, clara e precisamente, as providências a serem tomadas pelo interventor nomeado". E assim prevê o art. 106: "Art. 106. A intervenção judicial deverá restringir-se aos atos necessários ao cumprimento da decisão judicial que a determinar e terá duração máxima de 180 (cento e oitenta) dias (...)".

tutela específica das *obrigações de fazer, não fazer e de entrega de coisa*, previstas nos arts. 497 a 500, 536 e 538 do Código de Processo Civil (todas elas medidas executivas)[149].

A esse propósito, veja-se que o §1º do art. 536 do CPC prevê uma série de medidas necessárias à satisfação do exequente de obrigação de fazer ou não fazer, entre elas (*i*) a imposição de multa, (*ii*) a busca e apreensão, (*iii*) a remoção de pessoas e coisas, (*iv*) o desfazimento de obras e (*v*) o impedimento de atividade nociva, podendo, caso necessário, requisitar o auxílio de força policial.

Sendo esse um rol de medidas meramente exemplificativo (*numerus apertus*), admite-se a nomeação de administrador judicial executor de medida para assegurar o cumprimento da obrigação *in natura*[150].

Nessa linha, há precedente admitindo a nomeação de administrador judicial cujo *munus* público é o de garantir e fiscalizar o fiel cumprimento da obrigação de fazer e não fazer determinada em sentença em prol da preservação do meio ambiente[151].

No mesmo sentido, a jurisprudência já determinou a realização de depósito judicial pelo interventor dos aluguéis dos imóveis pertencentes à sociedade, a fim de garantir penhora sobre as quotas sociais[152].

Ainda, interessante o precedente que autorizou a nomeação de administrador judicial para a realização de obras e providências a fim de efetivar a correta e proporcional divisão das águas que compunham condomínio, providência adotada em razão dos constantes pedidos dos condôminos para que fossem respeitados os percentuais de cada um e em função da desobediência às liminares anteriormente deferidas[153].

Também é possível a indicação de um interventor executor de medidas concretas para regularizar a contabilidade da sociedade[154] ou mesmo para

---

[149] VIDAL NETO. *Intervenção judicial na administração de sociedade...*, p. 76.
[150] VIDAL NETO. *Intervenção judicial na administração de sociedade...*, p. 77.
[151] TJSP, 1ª Câmara Reservada ao Meio Ambiente, AI 2227444-68.2015.8.26.0000, Rel. Des. Oswaldo Luiz Palu, j. 11/04/2016. Ver, também: TJSC, 3ª Câmara de Direito Público, AI 2012.072051-8, Rel. Des. Luiz Cézar Medeiros, j. 23/04/2013.
[152] TJSC, 2ª Câmara de Direito Comercial, AI 2005.024142-9, Rel. Des. Ronaldo Moritz Martins da Silva, j. 24/08/2006.
[153] TJRS, 18ª Câmara Cível, AI 70063489751, Rel. Des. Nelson José Gonzaga, j. 19/03/2015.
[154] HOLZ; POZIOMEK. *Curso de derecho comercial...*, p. 95.

garantir a transferência de ações¹⁵⁵, bem como para convocar uma assembleia geral¹⁵⁶ e presidi-la¹⁵⁷ ⁻¹⁵⁸.

Em resumo, outorga-se ao administrador executor os poderes necessários para realizar algum ato ou tarefa assinalada pelo magistrado, visando a normalizar a marcha ordinária da sociedade, ou pretendendo fazer valer algum direito extrassocietário, como o direito de crédito¹⁵⁹.

---

[155] TJRS, 5ª Câmara Cível, MS 590074936, Rel. Des. Ruy Rosado de Aguiar Júnior, j. 20/12/1990.

[156] TJSP, 9ª Câmara de Direito Privado, AI 104.931-4/1, Rel. Des. Silva Rico, j. 23/02/1999.

[157] COZIAN; VIANDIER; DEBOISSY. *Droit des sociétés...*, p. 241-242. Representa o que se chama, no Direito francês, de *mandataire ad hoc*, o que, de qualquer forma, encontra limites: "Il peut arriver que le juge des référés dans des situations particulièrement délicates où la mésentente entre les associés et l'existence de forts conflits d'intérêts font craindre que des décision soient prises dans des conditions susceptibles de provoquer des contestations judiciaires, recourt à la technique du mandataire ad hoc em se fondant sur l'article 872 du Code de procédure civile. Ainsi, le tribunal de commerce de Paris, dans un dossier Gecina, a décidé de nommer un mandataire avec notamment la mission de présider l'assemblée générale des actionnaires, au lieu et place du président de la société, dont la même décision plafonne les droits de vote pour cause de non-respect des règles de franchissement de seuils instituées au sein des sociétés cotées. On peut difficilement aller plus loin dans l'immixtion du juge dans le fonctionnement des organes sociaux, et qui doit donc demeurer très excecptionnelle. Ainsi il a été jugé que le juge des référés ne puet décider, à la demande du dirigeant minoritaire, la désignation d'un mandataire ad hoc chargé d'exercer les droits de vote attachés aux actions de l'associé majoritaire sans préciser en quoi l'exercice par celui-ci de ses pouvoirs d'actionnaire majoritaires empêchat le fonctionnement normal de la société."

[158] Nesse sentido, fazemos também referência à figura do *séquestre* existente no Direito francês: "La mise sous séquestre est fréquemment demandée à l'occasion de conflits opposant deux associés, voire un associé à la société. Elle vise à placer dans le mains d'un séquestre les actions ou parts litigieuses, ce qui les rend indisponibles et aboutit à les figer pendant tout le temps du litige. Cette mesure conservatoire est fondée sur l'article 1961 du Code civil, lequel vise le litige sur la propriété d'un bien, mais a fait l'objet d'une interprétation extensive par les tribunaux. Aussi bien le séquestre est-il prononcé dans tous les cas où il convient d'assurer la conservation des droits des parties; il permet notamment de bloquer une opération de restructuration pendant tout le temps de la procédure au fond. Si le séquestre conserve, c'est en principe l'associé qui vote. Dans les cas graves, le juge peut décider le contraire lorsque l'intérêt social l'exige. Ceci revient à priver l'associé en cause de son droit de vote. Voici des motifs justifiant une mise sous séquestre: - risque sérieux d'annulation d'une cession d'action; - sauvegarde de l'intérêt de la société dont la survie est en péril du fait d'un conflit entre deux groupes d'actionnaires." (COZIAN; VIANDIER; DEBOISSY. *Droit des sociétés...*, p. 239).

[159] GAGGERO. *Intervención judicial de sociedades comerciales...*, p. 64.

3.5. Liquidante

A prática nacional criou uma quinta espécie de intervenção: o administrador liquidante de quotas ou ações.

Com efeito, quando há embaraço para a liquidação de participação societária (*i.e.*, quotas ou ações), impossibilitando ou dificultando a apuração dos haveres de sócio desligado, excluído, remisso ou herdeiro, tem-se nomeado um administrador judicial liquidante, com poderes para proceder à verificação física e contábil dos elementos patrimoniais da empresa, a fim de determinar o montante do crédito daquele[160-161].

Efetivamente, dois tipos de tarefas podem ser confiadas ao administrador judicial liquidante: (*i*) reunir a documentação necessária para a apuração de haveres — pois os sócios com poderes de administração podem criar óbices para tanto — e entregá-la ao perito nomeado pelo magistrado para a avaliação da participação societária[162]; e (*ii*) coletar os documentos e realizar o encaminhamento, por ele mesmo, da avaliação, que pode ser levada a cabo pelo próprio administrador judicial, se tiver habilitação para tanto, ou por profissional indicado no plano de liquidação, cujo trabalho se dará sob sua orientação e responsabilidade.

---

[160] TJPE, 5ª Câmara Cível, AI 0407184-7, Rel. Des. Des. José Fernandes de Lemos, j. 17/03/2017. Na doutrina: FONSECA, Priscila Corrêa da; PRADO, Roberta Nioac; KIRSCHBAUM, Deborah; COSTALUNGA, Karime. Fraude à meação do cônjuge, dissolução societária e medidas processuais. In: PRADO; Roberta Nioac; PEIXOTO, Daniel Monteiro; SANTI, Eurico Marcos Diniz de (coord.). *Estratégias societárias, planejamento tributário e sucessório*. São Paulo: Saraiva, 2010, p. 362; BARBI FILHO. *Dissolução parcial de sociedade limitada...*, p. 419-420; FONSECA. *Dissolução parcial, retirada e exclusão de sócio no novo Código Civil...*, p. 178-179.

[161] A figura em questão, a qual é possível chamar "administrador liquidante de quotas/ações", não se confunde com a do liquidante na dissolução total, de que tratam os artigos 1.036, 1.038, 1.071, VII, 1.102 e seguintes do Código Civil, e artigos 122, VIII, 208 e seguintes da Lei das S.A. Ao liquidante na dissolução total cumpre realizar o *acertamento patrimonial* da pessoa jurídica — receber créditos, alienar bens, quitar as obrigações, ratear o acervo, etc. —, de modo a liquidar as pendências sociais antes da extinção da pessoa jurídica (derradeira etapa do procedimento de dissolução total em sentido lato, cujo último ato é a baixa do registro na Junta Comercial). Por outro lado, ao liquidante de quotas/ações cabe praticar todos os atos que possibilitem quantificação do valor da participação societária do sócio que se desliga da sociedade. Assim e em resumo, esta última figura está associada à dissolução parcial, enquanto aquela primeira está ligada à dissolução total.

[162] Assim se deu em: TJRS, 6ª Câmara Cível, AI 597066141, Rel. Des. Décio Antonio Erpen, j. 10/6/1997; TAPR, 7ª Câmara Cível, AI 71.049-2, Rel. Desa. Rosene Arão de Cristo Pereira, j. 07/11/1994.

A nomeação de interventor liquidante também pode ser determinada quando a litigiosidade entre os sócios impede a partilha no tocante à empresa do antigo casal, bem como à fixação de alimentos[163]. Nesses casos, o decreto de intervenção constitui medida que não só visa a entregar o bem da vida ao titular do direito subjetivo judicialmente pleiteado, mas, também, a entregá-lo em prazo aceitável, atendendo ao princípio da duração razoável do processo (CF, art. 5º, LXXVIII; CPC, art. 4º).

Ainda, é possível a nomeação de interventor liquidante por ocasião da penhora de quotas ou ações, a fim de levar a cabo a sua liquidação (CPC, art. 861, §3º)[164] — tarefa que, em função da usual má vontade por parte dos sócios para com o terceiro credor, é das mais tormentosas na prática societária.

Por fim, importante destacar que a figura do administrador judicial liquidante não se confunde com a do perito avaliador — embora as figuras possam estar, eventualmente, reunidas na mesma pessoa —, visto que este é o responsável pela avaliação da participação societária (apuração dos haveres propriamente dita), enquanto aquele viabiliza o trabalho de avaliação e liquidação[165].

---

[163] TJRS, 7ª Câmara Cível, AI 70034579391, Rel. Des. Sérgio Fernando de Vasconcellos Chaves, j. 20/07/2010.

[164] "Art. 861. Penhoradas as quotas ou as ações de sócio em sociedade simples ou empresária, o juiz assinará prazo razoável, não superior a 3 (três) meses, para que a sociedade: I - apresente balanço especial, na forma da lei; II - ofereça as quotas ou as ações aos demais sócios, observado o direito de preferência legal ou contratual; III - não havendo interesse dos sócios na aquisição das ações, proceda à liquidação das quotas ou das ações, depositando em juízo o valor apurado, em dinheiro. §3º Para os fins da liquidação de que trata o inciso III do caput, 'o juiz poderá, a requerimento do exequente ou da sociedade, nomear administrador', que deverá submeter à aprovação judicial a forma de liquidação." (grifo nosso).

[165] "Liquidação de quota é termo mais abrangente que apuração de haveres: enquanto esta limita-se à determinação do valor da participação, a liquidação tem por fim transformar os direitos patrimoniais abstratos de sócio em prestação pecuniária exigível. Ela se estende aos atos necessários à conversão da quota do liquidanda em dinheiro para pagamento ao sócio ou, se for o caso, a seus sucessores *mortis causa*, sendo a apuração de haveres uma de suas fases." (GONÇALVES NETO, Alfredo de Assis. *Direito de empresa*: comentários aos artigos 966 a 1.195 do Código Civil. 2 ed. rev., atual. e ampl. São Paulo: Revista dos Tribunais, 2007, p. 251).

3.6. Mediador

Também é possível encontrar referências a uma sexta espécie de interventor, a quem incumbe mediar a solução de litígios.

De acordo com o art. 1º, parágrafo único, da Lei 13.140/2015 (CPC), a mediação é "a atividade técnica exercida por terceiro imparcial sem poder decisório, que, escolhido ou aceito pelas partes, as auxilia e estimula a identificar ou desenvolver soluções consensuais para a controvérsia".

O Código de Processo Civil, atento à necessidade de estimular a solução consensual de conflitos, especialmente diante da avalanche de ações que sobrecarrega o Poder Judiciário, prevê que a mediação deverá ser estimulada por todas as partes envolvidas no processo[166].

Como os conflitos societários costumam gerar processos com elevado grau de litigiosidade, que se arrastam por anos a fio e não raro resultam no perecimento da própria empresa, faz-se mister incentivar as partes a chegar a uma solução consensual, sob pena de o resultado útil do processo ser negativo, além de impor à sociedade os custos da sua intransigência.

Efetivamente, em razão da sua natureza, os conflitos societários costumam se apresentar como disputas policêntricas, com múltiplos pontos de tensão, dos quais usualmente derivam uma série de processos (*e.g.*, ações exibitórias de documentos, anulatórias de assembleias e de alterações contratuais, indenizatórias, liquidatórias de haveres, entre tantos outros) e eventos extrajudiciais altamente belicosos (*i.e.*, notificações, contranotificações, assembleias, reuniões de diretoria e dos conselhos de administração e fiscal).

Por conseguinte, o grau de litigiosidade tende a aumentar exponencialmente na medida em que as demandas se multiplicam, passando as partes a agir de modo irracional, tomadas por fatores psicológicos, esquecendo-se do fator econômico subjacente à causa, o que gera, ao fim e ao cabo, destruição de valor.

É justamente nos conflitos deflagrados a partir das relações continuadas, como é o caso das relações societárias, que as soluções extrajudiciais costumam surtir melhores resultados, pois os entraves à pacificação nor-

---

[166] "Art. 3º, §3º. A conciliação, a mediação e outros métodos de solução consensual de conflitos deverão ser estimulados por juízes, advogados, defensores públicos e membros do Ministério Público, inclusive no curso do processo judicial".

malmente envolvem fatores psicológicos passíveis de superação com o uso das técnicas adequadas.

A mediação — e a conciliação — se encaixa nesse contexto. Trata-se de método alternativo para a solução de conflitos, que pressupõe a participação de um terceiro imparcial, indutor do diálogo entre as partes e da autocomposição.

A ideia é a superação das controvérsias e dos pontos de tensão, possibilitando que as partes, normalmente já desgastadas pelo embate, acomodem seus interesses umas com as outras, a partir de fórmulas e ferramentas próprias aplicadas por um profissional.

Outro problema a ser superado é o da desinformação. Como muitos dos litígios societários são causados pela falta de instrução das partes e pela inexperiência de seus procuradores em relação às regras mais básicas de direito societário e de avaliação de empresas, o mediador precisa dominar não só a técnica da mediação, como também a matéria jurídica e econômico-financeira que serve de pano de fundo ao litígio.

Somente na posse de tais atributos e conhecimentos, o mediador conseguirá prestar os devidos esclarecimentos acerca do direito em questão, da viabilidade da pretensão deduzida e das consequências das posturas processuais e extraprocessuais.

A par de tudo isso, o decreto de intervenção na administração da sociedade pode ser uma ótima oportunidade para mediar o conflito societário e alcançar a autocomposição[167]. Nesse particular, interessante observar que a mediação deve se desenvolver paralelamente aos objetivos da intervenção e ao processo judicial em si, pois quanto maior a quantidade de informações das partes e quanto mais for revelado pelo administrador judicial, melhores serão as condições para avaliar suas chances de êxito na demanda, os gastos a ela associados e, consequentemente, a conveniência da celebração de um acordo[168].

Assim, ao ser nomeado para fiscalizar a administração da sociedade ou mesmo para atuar como gestor ou cogestor, poderia o administrador judicial, já em contato com os sócios e a par da realidade da empresa, iniciar um procedimento extrajudicial de mediação.

---

[167] VIDAL NETO. *Intervenção judicial na administração de sociedade...*, p. 74.
[168] VIDAL NETO. *Intervenção judicial na administração de sociedade...*, p. 73.

Por isso, a despeito da existência de algumas restrições funcionais, seria possível que a mediação fosse ministrada conjuntamente com outra espécie de intervenção, não existindo qualquer óbice para que o administrador judicial, desde que qualificado para tanto, exerça também as funções de mediador[169].

Efetivamente, trata-se de uma chance ímpar para aproveitar o decreto de intervenção, remédio com gosto amargo, para tentar atingir um dos grandes objetivos do Código de Processo Civil, que é a busca por soluções negociadas para as disputas judiciais[170].

Todavia, ainda que o administrador judicial deva ser alguém imparcial — como será visto no próximo Capítulo —, há quem considere ser inadequado que o papel de mediador seja desempenhado por ele, uma vez que a mediação exige, entre outros requisitos, a independência e a imparcialidade de quem a realiza.

Dessa forma, considerando que o interventor estará participando do processo, mesmo que não atue na defesa dos interesses de qualquer das partes, e sim como auxiliar do juízo, há quem considere que o melhor encaminhamento seria a indicação de um terceiro para exercer a função de mediador[171].

---

[169] VIDAL NETO. *Intervenção judicial na administração de sociedade...*, p. 75.
[170] VIDAL NETO. *Intervenção judicial na administração de sociedade...*, p. 75.
[171] Observe-se que, na França, fala-se em medida específica caso não preenchidos os requisitos para a realização de uma intervenção mais drástica: "Lorsque, malgré une crise, le juge estime que les conditions de nomination d'un administrateur provisoire ne sont pas réunies, par exemple parce que les organes sociaux fonctionnent normalement, il n'hésite pas à désigner un mandataire ad hoc, qualifié d'enquêteur-conciliateur, qui sera charge d'enquêter sur les causes du conflit, de proposer des remèdes et, si possible, de concilier les protagonistes. Le juge se fait ainsi juge de paix des affaires sociales." (COZIAN; VIANDIER; DEBOISSY. *Droit des sociétés...*, p. 241).

4. Escolha do Administrador Judicial

Assim como o administrador judicial concursal, o interventor na administração de sociedade é homem da confiança do juiz[172], sendo livremente escolhido pelo magistrado[173] e substituído quando, em função do cometimento uma falta grave, perder a fidúcia daquele que o nomeou[174].

Na escolha do interventor, o juiz deve ser tão ou mais prudente do que quando decidiu pela intervenção[175]. Isso porque o sucesso da medida se deve, em grande parte, não só à correção da decisão e à sua tempestividade, mas às qualidades subjetivas da figura eleita e ao cumprimento de suas atribuições.

---

[172] TJSP, 19ª Câmara de Direito Privado, AI 2205000-07.2016.8.26.0000, Rel. Des. Ricardo Pessoa de Mello Belli, j. 08/05/2017; TJRS, 20ª Câmara Cível, AI 70058402272, Rel. Des. Carlos Cini Marchionatti, j. 11/06/2014; TJMG, 16ª Câmara Cível, AI 1.0351.10.006077-8/001, Rel. Des. Wagner Wilson, j. 06/07/2011.

[173] SANDOVAL. *Intervención judicial de sociedades comerciales...*, p. 195; ROITMAN; AGUIRRE; CHIAVASSA. *Manual de sociedades comerciales...*, p. 346. Não há, no Brasil, qualquer lista para a escolha do interventor, como existe, por exemplo, na França (*Code de Commerce*, art. L. 811-1 e seguintes) (COZIAN; VIANDIER; DEBOISSY. *Droit des sociétés...*, p. 236; RIPERT; ROBLOT. *Traité de droit des affaires*, t. 2..., p. 232-233).

[174] No Uruguai, o art. 186 da *Ley de Sociedades Comerciales* (*Ley* 16060 de 1989) dispõe nesse sentido: "El Juez podrá remover en cualquier momento, con o sin expresión de causa, al interventor designado".

[175] MALAGARRIGA, Carlos C. *Tratado elemental de derecho comercial*, v. I. Buenos Aires: Tipografica Editora Argentina, 1951, p. 643; GAGGERO. *Intervención judicial de sociedades comerciales...*, p. 67; VERÓN. *Tratado de los conflictos societarios...*, p. 521.

4.1. Qualificação Técnica

Afigura-se absolutamente imprescindível que o administrador judicial reúna condições técnicas para o tipo de intervenção que dele se espera[176], devendo ter os conhecimentos necessários para o desempenho da função[177].

Deve-se, a todo custo, evitar aquilo que se tornou corriqueiro em outras jurisdições: a nomeação de interventores tão reconhecidos e honoráveis quanto incompetentes[178] ou, ainda, com baixa disposição ao trabalho.

Nessa linha, é de todo aconselhável a nomeação de administrador judicial com experiência no ramo de negócios da empresa objeto de intervenção, especialmente em se tratando de administrador gestor ou cogestor[179].

Todavia, nada impede que, para atividades cuja gestão é de baixa complexidade, aponte-se profissional sem experiência direta no ramo de atividade, muito embora a sua formação profissional tenha de revelar afinidade com o mundo dos negócios[180].

Muitas vezes a nomeação recai sobre advogados, o que, em tese, facilita a interlocução via processo judicial. Por outro lado, nos casos de intervenção para controle da contabilidade ou para a gestão, as figuras do contador e do administrador de empresas, respectivamente, são mais indicadas[181].

De qualquer sorte, nada obsta a nomeação de um advogado para coordenar a administração judicial, se sua equipe contar com outros profissionais com domínio sobre as disciplinas mais afeitas ao mundo dos negócios.

---

[176] GAGGERO. *Intervención judicial de sociedades comerciales...*, p. 67; VERÓN. *Tratado de los conflictos societarios...*, p. 522.

[177] Na Argentina, no plano do direito legislado, o art. 225, item 2, do *Codigo Procesal Civil y Comercial de la Nacion (CPCCCN)* assim dispõe: "La designación recaerá en persona que posea los conocimientos necesarios para desempeñarse atendiendo a la naturaleza de los bienes o actividades en que intervendrá; (...)".

[178] GAGGERO. *Intervención judicial de sociedades comerciales...*, p. 67

[179] TJSC, 5ª Câmara Cível, AI 2010.060074-6, Rel. Des. Monteiro Rocha, j. 06/09/2012. Na doutrina: GAGGERO. *Intervención judicial de sociedades comerciales...*, p. 67; ROITMAN; AGUIRRE; CHIAVASSA. *Manual de sociedades comerciales...*, p. 347. Observe-se, ainda, o que dispõe o art. 729 do *Codigo Procesal Civil* paraguaio: "Art.729. (...) La designación deberá recaer, en lo posible, en persona entendida en el ramo de negocios que constituya el objeto de la sociedad."

[180] Como no caso de julgado que nomeou contador para a gestão judicial de empresa do ramo turístico e hotelaria: TJSC, 1ª Câmara Cível, AI 2004.033022-8, Rel. Des. Maria do Rocio Luz Santa Ritta, j. 19/07/2005.

[181] MALAGARRIGA. *Tratado elemental de derecho comercial...*, p. 643-644.

Nessa hipótese, fica o trabalho desses profissionais sob sua direção e responsabilidade.

Ainda, para empresas com administração complexa, nada obsta a nomeação de tantos administradores judiciais quantos o caso concreto requeira para a adequada condução da atividade[182] — hipótese em que, evidentemente, o custo do serviço e o respectivo impacto nas finanças da sociedade devem ser considerados.

Também é viável a contratação *ad hoc* de auxiliares, como advogados, contadores, prepostos, entre outros, desde que ocorra com a devida autorização judicial. Se o interventor agir de forma independente nesse quesito, corre o risco de ter de arcar ele mesmo com a renumeração do profissional[183].

Fato é que não existe uma qualificação mínima ou específica para o interventor. Todavia, aconselha-se que tal sujeito, além de ter reputação ilibada, possua atributos e preencha os requisitos para o desempenho da função nos termos da legislação societária[184].

Nesse sentido, pode-se adotar, como referência, o disposto no art. 21 da Lei 11.101/05. Assim, o administrador judicial teria de ser profissional idôneo (moral e economicamente), de preferência advogado, economista, administrador de empresas ou contador.

Evidente que a escolha de um profissional por parte do magistrado para exercer a administração judicial de um negócio é questão muito sensível e delicada. A intervenção, mesmo pautada pelo princípio da preservação da empresa, não elide o risco econômico inerente a todo e qualquer atividade negocial.

De qualquer forma, a consciência do interventor diligente, como a do juiz criterioso que o designou, poderá ficar tranquila mesmo no enfrentamento de dificuldades na condução da empresa, pois a intervenção, de regra, é causada única e exclusivamente pela imprudência e intolerância

---

[182] STJ, 4ª Turma, REsp 784.158/SP, Rel. Min. Cesar Asfor Rocha, j. 18/05/2006. Na doutrina: GAGGERO. *Intervención judicial de sociedades comerciales...*, p. 68; ROITMAN; AGUIRRE; CHIAVASSA. *Manual de sociedades comerciales...*, p. 347.

[183] GAGGERO. *Intervención judicial de sociedades comerciales...*, p. 72; ROITMAN; AGUIRRE; CHIAVASSA. *Manual de sociedades comerciales...*p. 348. Assim dispõe o art. 225, item 5, do *Codigo Procesal Civil y Comercial de la Nacion (CPCCCN)* argentino: "El nombramiento de auxiliares requiere siempre autorización previa del juzgado".

[184] No Uruguai, o art. 187 da *Ley de Sociedades Comerciales (Ley 16060* de 1989) assim dispõe: "Se aplicarán a los interventores, en lo compatible, las disposiciones relativas a los administradores sociales".

dos próprios sócios e administradores, a quem, realisticamente, deve-se imputar quaisquer prejuízos verificados[185] — salvo em hipóteses excepcionais, nas quais reste comprovada fraude, má-fé, desídia, incompetência ou negligência do interventor no cumprimento das suas funções.

4.2. Pessoa Jurídica Especializada

É possível a nomeação de pessoa jurídica especializada — exceto na hipótese de administrador gestor ou cogestor, em função da vedação prevista na legislação societária (CC, art. 997, VI; LSA, art. 146).

Essa via é especialmente interessante quando a complexidade da intervenção recomendar o concurso de conhecimentos técnicos especializados diversos, como analogicamente autoriza o art. 475 para o caso do perito[186].

Em tais casos, aplica-se, por analogia, a previsão do art. 21, parágrafo único, da LREF. Logo, no termo de compromisso a ser firmado pela empresa especializada deve constar o nome e os dados do profissional responsável pela intervenção, que não poderá ser substituído sem autorização judicial.

4.3. Nomeação Plúrima

Como referido, em função da complexidade da intervenção encomendada pelo magistrado, é plenamente viável que se designem dois ou mais administradores judiciais, os quais formarão uma espécie de "comissão interventora"[187].

Nesse caso, é de todo conveniente que o decreto de intervenção especifique a esfera de atuação de cada administrador, o que se revela importante, inclusive, para fins de delimitação e apuração da responsabilidade de cada um.

Em tais circunstâncias, vislumbra-se possível aplicar, por analogia, o previsto no Código Civil e na Lei 6.404/76 sobre o regime de responsabilidade do administrador e de membros do conselho fiscal de sociedade

---

[185] MALAGARRIGA. *Tratado elemental de derecho comercial...*, p. 644.
[186] VIDAL NETO. *Intervenção judicial na administração de sociedade...*, p. 98.
[187] STJ, 4ª Turma, REsp 784.158/SP, Rel. Min. Cesar Asfor Rocha, j. 18/05/2006. Na doutrina: GAGGERO. *Intervención judicial de sociedades comerciales...*, p. 68; ROITMAN; AGUIRRE; CHIAVASSA. *Manual de sociedades comerciales...*, p. 347.

por atos de seus pares, bem como a conduta a ser adotada para o eximir da responsabilidade em caso de discordância de decisões colegiadas.

4.4. Imparcialidade

Não é recomendável que seja nomeado como interventor quem possua interesse no caso. Com efeito, o administrador judicial deve ser um terceiro estranho ao processo e, por conseguinte, ao litígio existente entre as partes[188], não podendo sequer ter vinculação comercial com uma delas[189].

Entende-se que a opção por uma pessoa não sócia e que não tenha interesse no caso é a mais adequada, muito embora se possa admitir que, em

---

[188] TJMG, 16ª Câmara Cível, AI 1.0056.14.026071-4/001, Rel. Des. Otávio Portes, j. 24/11/2016; TJRJ, 8º Câmara Cível, AI 2004.002.14881, Rel. Des. Helena Bekhor, j. 12/01/2005; TJRJ, 14ª Câmara Cível, AI 1999.002.05671, Rel. Des. Mauro Nogueira, j. 19/10/1999; TJRS, 6ª Câmara Cível, AI 70009719071, Rel. Des. Artur Arnildo Ludwig, j. 10/11/2004; TJRS, 4ª Câmara Cível, AI 29.769, Rel. Des. Sérgio Pilla da Silva, j. 02/08/1978; TJSP, 2ª Câmara de Direito Privado, AI 108.693-4/3-00, Rel. Des. Cezar Peluso, j. 03/08/1999. Na doutrina: GAGGERO. *Intervención judicial de sociedades comerciales...*, p. 68; VIDAL NETO. *Intervenção judicial na administração de sociedade...*, p. 94; VERÓN. *Tratado de los conflictos societarios...*, p. 522; MALAGARRIGA. *Tratado elemental de derecho comercial...*, p. 643; HALPERIN. *Curso de derecho comercial...*, p. 374. Ver, também: BARBI FILHO. *Dissolução parcial de sociedade limitada...*, p. 419. Na Argentina, no plano do direito legislado, o art. 225, item 2, do *Codigo Procesal Civil y Comercial de la Nacion (CPCCCN)* assim dispõe: "La designación recaerá en persona que posea los conocimientos necesarios para desempeñarse atendiendo a la naturaleza de los bienes o actividades en que intervendrá; será, en su caso, persona ajena a la sociedad o asociación intervenida".

[189] TJGO, 3ª Câmara Cível, APC 26.793-3/188, Rel. Des. Lafaiete Silveira, j. 22/10/1992.

um litígio entre dois sócios, havendo um terceiro não envolvido na controvérsia — "sócio neutro" —, seja viável nomeá-lo administrador judicial[190-191].

O administrador judicial não atua nem contra nem a favor das partes. Age, única e exclusivamente, no cumprimento das suas funções. Sua responsabilidade é para com a administração da justiça[192]. Tanto é assim que o encargo vincula o administrador ao juízo, e não aos sócios ou mesmo à própria sociedade[193]. Deve, portanto, agir com isenção e imparcialidade[194], buscando preservar o interesse social, respeitando, sempre, a causa da missão que lhe foi atribuída.

---

[190] MALAGARRIGA. *Tratado elemental de derecho comercial...*, p. 643. Observe-se a interessante solução adotada pelo Tribunal de Alçada do Paraná: "Agravo de Instrumento. Medida cautelar inominada. Afastamento do sócio da gerência. Mantida a fiscalização. Decisão fundamentada em provas documentais que conduzem ao convencimento de prejuízo aos interesses da sociedade. Co-gestão desrespeitada. Recurso improvido. Havendo dissenso entre os sócios e interesse comum na dissolução da sociedade, esta deve ser gerida enquanto se praticam os atos necessários à partilha, pelo sócio que melhor gerir os negócios e respeitar o interesse dos demais. Se o sócio gerente não atende as determinações judiciais, correta a sua substituição pelo outro, que detém igual parcela do patrimônio social. A nomeação de interventor da confiança do juiz e a imposição de administração conjunta deste com o sócio gerente e ainda, a prevalência da decisão daquele (interventor) quando houver dissenso, resguarda em princípio os interesses da sociedade. O expresso reconhecimento de integral liberdade de fiscalização ao sócio afastado da gerência, preserva os seus direitos na sociedade." (TAPR, 7ª Câmara Cível, AI 263.901-6, Rel. Juiz Miguel Pessoa, j. 30/06/2004).

[191] Registre-se, entretanto, que, na Espanha, quando a gestão é confiada, com exclusividade, a um dos sócios e esse faz mal-uso dos poderes que lhe são conferidos, causando prejuízos à sociedade, os demais sócios poderão pleitear a nomeação de um deles para atuar como coadministrador. Assim dispõe o art. 132 do Código de Comércio espanhol: "Art. 132. Cuando la facultat privativa de administrar y de usar de la firma de la compañía haya sido conferida en condición expresa del contrato social, no se podrá privar de ella al que la obtuvo; pero si éste usare mal de dicha facultat y de su gestión resultare perjuicio manifiesto a la masa común, podrán los demás socios nombrar de entre ellos un coadministrador que intervenga en todas las operaciones o promover la rescisión del contrato ante el Juez o Tribunal competente, que deberá declararla, si se probare aquel perjuicio".

[192] GAGGERO. *Intervención judicial de sociedades comerciales...*, p. 70.

[193] TJRS, 6ª Câmara Cível, APC 70048722474, Rel. Des. Sylvio José Costa da Silva Tavares, j. 01/10/2015.

[194] GAGGERO. *Intervención judicial de sociedades comerciales...*, p. 68; ROITMAN; AGUIRRE; CHIAVASSA. *Manual de sociedades comerciales...*, p. 346.

Nesse sentido, por exemplo, no caso de intervenção prevista nos arts. 64 e 65 da LREF, recomenda-se que a figura do gestor goze de independência em relação ao devedor e, também, em relação aos seus credores[195].

4.5. Impedimentos

Quanto aos impedimentos, por serem os administradores judiciais verdadeiros auxiliares da justiça, aplicam-se-lhes, com as devidas adaptações, as hipóteses de impedimento e suspeição do juiz, na forma dos artigos 144 e 145, do mesmo diploma legal (CPC, art. 148, II)[196].

Por analogia, estende-se a eles, também, a regra de impedimento prevista no art. 30, *caput* e §1º, da LREF[197].

---

[195] CEREZETTI, Sheila Christina Neder. *A recuperação judicial de sociedade por ações* – o princípio da preservação da empresa na Lei de Recuperação e Falência. São Paulo: Malheiros, 2012, p. 411. Sobre a gestão judicial na Lei 11.101/05, ver: FRANCO, Gustavo Lacerda. *A condução da sociedade em recuperação judicial*: análise da solução brasileira à luz dos modelos globais e dos seus pressupostos. Dissertação (Mestrado em Direito). Faculdade de Direito da Universidade de São Paulo, São Paulo, 2018.

[196] BERNIER, Joice Ruiz. *Administrador judicial*. São Paulo: Quartier Latin, 2016, p. 83.

[197] "Art. 30. Não poderá integrar o Comitê ou exercer as funções de administrador judicial quem, nos últimos 5 (cinco) anos, no exercício do cargo de administrador judicial ou de membro do Comitê em falência ou recuperação judicial anterior, foi destituído, deixou de prestar contas dentro dos prazos legais ou teve a prestação de contas desaprovada. §1º Ficará também impedido de integrar o Comitê ou exercer a função de administrador judicial quem tiver relação de parentesco ou afinidade até o 3º (terceiro) grau com o devedor, seus administradores, controladores ou representantes legais ou deles for amigo, inimigo ou dependente. §2º O devedor, qualquer credor ou o Ministério Público poderá requerer ao juiz a substituição do administrador judicial ou dos membros do Comitê nomeados em desobediência aos preceitos desta Lei. §3º O juiz decidirá, no prazo de 24 (vinte e quatro) horas, sobre o requerimento do §2º deste artigo".

Ainda, ao administrador judicial aplicam-se os impedimentos do direito societário (LSA, art. 147; CC, art. 1.011, §1º)[198-199], bem como devem ser respeitados eventuais requisitos impostos pela legislação especial aplicável ao caso concreto.

4.6. Impugnação

Evidente a possibilidade de haver impugnação ao nome escolhido pelo magistrado, especialmente por motivo de inaptidão ou inidoneidade, bem como por falta de imparcialidade, desde que devidamente fundamentados. Os arts. 103 e 104 da Lei de Defesa da Concorrência preveem expressamente a hipótese de impugnação[200]. Mantida a nomeação, por óbvio, é possível desafiar a decisão por meio de agravo de instrumento ao Tribunal competente.

---

[198] Lei das S.A., art. 147: "§1º São inelegíveis para os cargos de administração da companhia as pessoas impedidas por lei especial, ou condenadas por crime falimentar, de prevaricação, peita ou suborno, concussão, peculato, contra a economia popular, a fé pública ou a propriedade, ou a pena criminal que vede, ainda que temporariamente, o acesso a cargos públicos. §2º São ainda inelegíveis para os cargos de administração de companhia aberta as pessoas declaradas inabilitadas por ato da Comissão de Valores Mobiliários. §3º O conselheiro deve ter reputação ilibada, não podendo ser eleito, salvo dispensa da assembléia-geral, aquele que: I - ocupar cargos em sociedades que possam ser consideradas concorrentes no mercado, em especial, em conselhos consultivos, de administração ou fiscal; e II - tiver interesse conflitante com a sociedade. §4º A comprovação do cumprimento das condições previstas no §3º será efetuada por meio de declaração firmada pelo conselheiro eleito nos termos definidos pela Comissão de Valores Mobiliários, com vistas ao disposto nos arts. 145 e 159, sob as penas da lei". Código Civil, art. 1.011. "§1º Não podem ser administradores, além das pessoas impedidas por lei especial, os condenados a pena que vede, ainda que temporariamente, o acesso a cargos públicos; ou por crime falimentar, de prevaricação, peita ou suborno, concussão, peculato; ou contra a economia popular, contra o sistema financeiro nacional, contra as normas de defesa da concorrência, contra as relações de consumo, a fé pública ou a propriedade, enquanto perdurarem os efeitos da condenação".

[199] No Uruguai, o art. 187 da *Ley de Sociedades Comerciales* (*Ley 16060* de 1989) dispõe o que segue: "Se aplicarán a los interventores, en lo compatible, las disposiciones relativas a los administradores sociales".

[200] "Art. 103. Se, dentro de 48 (quarenta e oito) horas, o executado impugnar o interventor por motivo de inaptidão ou inidoneidade, feita a prova da alegação em 3 (três) dias, o juiz decidirá em igual prazo". "Art. 104. Sendo a impugnação julgada procedente, o juiz nomeará novo interventor no prazo de 5 (cinco) dias".

5. Características da Medida

São características da intervenção judicial na administração de sociedade: (*i*) a excepcionalidade; (*ii*) a provisoriedade; (*iii*) a acessoriedade (*iv*) a alterabilidade; (*v*) a revogabilidade; (*vi*) a fungibilidade; e (*vii*) a imediatez.

5.1. Excepcionalidade

Por se tratar de medida invasiva e traumática, verdadeira intromissão externa em assuntos que, em princípio, deveriam ser reservados aos sócios e à sociedade[201], a intervenção judicial na administração de sociedade é medida excepcional[202].

---

[201] MELLO. *Intervención judicial de sociedades comerciales y acción de remoción de sus administradores o directores...*, p. 557.

[202] TJSP, 2ª Câmara Reservada de Direito Empresarial, AI 2237440-56.2016.8.26.0000, Rel. Des. Carlos Alberto Garbi, j. 17/02/2017; TJMG, 13ª Câmara Cível, AI 1.0428.08.012076-2/002, Rel. Des. Alberto Henrique, j. 06/06/2013. Na doutrina: PRINCIPE, Angela. *Il controllo giudiziario nel governo societario*. Milano: Giuffrè, 2008, p. 142; GAGGERO. *Intervención judicial de sociedades comerciales...*, p. 29, 42, 60; HOLZ; POZIOMEK. *Curso de derecho comercial...*, p. 94; SILVA. *Do processo cautelar...*, p. 123; PEREIRA. *Medidas urgentes no direito societário...*, p. 211; PLETI. *Intervenção judicial em sociedade empresária...*, p. 139; VERÓN. *Tratado de los conflictos societarios...*, p. 453; MALAGARRIGA. *Tratado elemental de derecho comercial...*, p. 636; MELLO. *Intervención judicial de sociedades comerciales y acción de remoción de sus administradores o directores...*, p. 557; ROITMAN; AGUIRRE; CHIAVASSA. *Manual de sociedades comerciales...*, p. 346; COZIAN; VIANDIER; DEBOISSY. *Droit des sociétés...*, p. 234. Veja-se, ainda, o que dispõe o art. 727 da legislação processual paraguaia: "Art.727.- Intervención. Cuando no exista otra medida cautelar suficiente para asegurar los derechos que se intenta garantizar o la decretada

A excepcionalidade da medida se dá em razão do *princípio da intervenção mínima* na administração de sociedades, como já assinalaram a doutrina[203] e a jurisprudência[204]. Por essa razão, deve, então, ser aplicada restritivamente.

Isso porque se trata de medida que derroga, temporariamente, a vontade social[205]. Além disso, importante ter presente que a intervenção afeta direitos e liberdades constitucionais (como o direito de os particulares regularem seus próprios interesses, o direito de propriedade e o direito de livre associação), assim como o sigilo dos negócios[206].

Meras desinteligências entre sócios não são, por conseguinte, suficientes para embasar a determinação de intervenção judicial[207]. Nesses casos, deve-se aguardar que os mecanismos sociais atuem normalmente e resolvam a questão[208].

Nessa linha, a simples resistência ao controle exercido pelo controlador ou a alegação de desaparecimento da *affectio societatis*, sem prova robusta

---

fuere ineficaz, a petición de parte, podrá ordenarse la intervención de un establecimiento comercial, una explotación industrial o un capital en giro." No Uruguai, a *Ley de Sociedades Comerciales* (*Ley 16060* de 1989) dispõe no mesmo sentido no art. 185 ("(Requisitos). El peticionante acreditará su condición de socio o accionista, los hechos invocados y el agotamiento de los recursos previstos en el contrato social."). Na Argentina, no plano do direito legislado, o art. 114 *Ley General de Sociedades* (*Ley 19.550* de 1984) caminha nesse sentido, impondo, portanto, que o "juez apreciará la procedencia de la intervención con criterio restrictivo"; igualmente, o art. 225, item 1, do *Codigo Procesal Civil y Comercial de la Nacion (CPCCCN)* assim dispõe: "El juez apreciará su procedencia con criterio restrictivo".

[203] PRINCIPE. *Il controllo giudiziario nel governo societario...*, p. 69, 142; VERÓN. *Tratado de los conflictos societários...*, p. 447-448, 453; MELLO. Intervención judicial de sociedades comerciales y acción de remoción de sus administradores o directores..., p. 557; PEREIRA. *Medidas urgentes no direito societário...*, p. 211, 227; NUNES, Marcelo Guedes. Intervenção judicial liminar na administração de sociedades. In: CASTRO, Rodrigo R. Monteiro de; AZEVEDO, Luís André N. de Moura (coord.). *Poder de controle e outros temas de direito societário e mercado de capitais*. São Paulo: Quartier Latin, 2010, p. 132-133; VIDAL NETO. *Intervenção judicial na administração de sociedade...*, p. 52.

[204] STJ, 3ª Turma, MC 14.561-BA, Rel. Min. Nancy Andrighi, j. 19/9/2008; TJSP, 1ª Câmara Reservada de Direito Empresarial, AI 2043114-62.2017.8.26.0000, Rel. Des. Cesar Ciampolini, j. 23/05/2017; TJSP, 2ª Câmara Reservada de Direito Empresarial, AI 2237440-56.2016.8.26.0000; Rel. Des. Carlos Alberto Garbi, j. 17/02/2017.

[205] ROITMAN; AGUIRRE; CHIAVASSA. *Manual de sociedades comerciales...*, p. 327.

[206] MELLO. Intervención judicial de sociedades comerciales y acción de remoción de sus administradores o directores..., p. 557,

[207] MALAGARRIGA. *Tratado elemental de derecho comercial...*, p. 637; VERÓN. *Tratado de los conflictos societarios...*, p. 491-492, 500.

[208] COZIAN; VIANDIER; DEBOISSY. *Droit des sociétés...*, p. 235.

de ilícitos e de dano ou risco de dano à sociedade, também tendem a não ensejar a nomeação de interventor judicial[209].

Aliás, cumpre registrar ser mais rara a intervenção judicial na administração de sociedades em que se verifica o regular funcionamento dos órgãos sociais e a manutenção, em ordem, da contabilidade[210].

Também não se trata de considerar intenções ou conjecturas, senão fatos concretos que tenham provocado ou possam vir a provocar prejuízos aos interesses da parte requerente[211].

Igualmente, costuma não ser o caso de deferir a medida quando os atos ensejadores do pedido de intervenção foram praticados pelo próprio requerente, realizados com a sua participação, direta ou indireta, ou até com a sua anuência[212]. O mesmo ocorre com atos ocorridos há muito tempo ou sobre os quais nunca se controverteu[213].

Dessa forma e em atenção à excepcionalidade da medida, conclui-se que o fato ensejador da intervenção judicial deve ser (*i*) atual, (*ii*) grave e (*iii*) prejudicial à continuidade da empresa.

Deve-se deixar bem claro que não é qualquer desinteligência ou atrito entre os sócios, resultados insatisfatórios ou mesmo pequenas — ou contornáveis — irregularidades na gestão do ente coletivo que podem ensejar a intervenção. Especialmente se não colocarem a sociedade ou direitos essenciais dos sócios em risco.

Como já foi referido, as sociedades e o próprio direito societário possuem mecanismos próprios de solução de controvérsias, tal qual a assembleia de sócios e o princípio majoritário. Esses aparatos internos de superação de conflitos não podem ser deixados de lado, sob pena de invasão injustificada na seara privada e de transferência da gerência das sociedades para o Poder Judiciário[214].

---

[209] VERÓN. *Tratado de los conflictos societarios...*, p. 495 ss.
[210] VERÓN. *Tratado de los conflictos societarios...*, p. 201 ss.
[211] VERÓN. *Tratado de los conflictos societarios...*, p. 453.
[212] PLETI. *Intervenção judicial em sociedade empresária...*, p. 168; VERÓN. *Tratado de los conflictos societarios...*, p. 495 ss. Igualmente: HALPERIN. *Curso de derecho comercial...*, p. 375.
[213] VERÓN. *Tratado de los conflictos societarios...*, p. 495 ss.
[214] STJ, 3ª Turma, QO na PET na MC 10.102, Rel. Min. Nancy Andrighi, j. 16/10/2007. Assim já se manifestou o Tribunal de Justiça de São Paulo, *v.g.*: TJSP, 1ª Câmara de Direito Privado, AI 203.386-4/5-00, Rel. Des. Gildo dos Santos, j. 18/09/2001; TJSP, 5ª Câmara de Direito Privado, APC 0002402-02.2009.8.26.0564, Rel. Des. James Siano, j. 25/05/2011.

De qualquer sorte, o emprego do instituto não pressupõe o exaurimento dos mecanismos contratuais para a resolução de impasses e de controvérsias[215]. Não se deve exigir, por exemplo, que o requerente esgote todos os mecanismos societários de deliberação e de solução de impasses, pois, muitas vezes, os administradores e sócios — em especial o controlador — lançam mão de táticas obstrutivas para frear ou mesmo impossibilitar o exercício de direitos por parte dos minoritários[216].

Estudos mais recentes sobre o tema já destacaram — a nosso ver com muito acerto — que a intervenção judicial na administração de sociedades é ditada pelas necessidades e pela urgência do caso concreto, não devendo o magistrado hesitar em decretá-la caso julgue necessário[217].

Logo, o emprego da intervenção judicial na administração da sociedade se justifica quando outras medidas se revelam — ou tenham se revelado — insuficientes ou ineficazes[218]. Isso porque eventuais malefícios da intervenção judicial não podem impedi-la, pois representaria um verdadeiro escudo à prática de ilícitos[219].

Assim, para evitar o dano (ou o seu agravamento), entende-se que o decreto de intervenção pode ocorrer a qualquer momento, a pedido da parte, a fim de salvaguardar os direitos de sócio ou mesmo daqueles que sequer possuem essa qualidade (como herdeiros, cônjuges ou companheiros). Basta que o magistrado seja instado a se manifestar por uma dar partes, entenda necessário e vislumbre presentes os requisitos autorizadores da medida.

---

[215] VIDAL NETO. *Intervenção judicial na administração de sociedade...*, p. 54; RODRIGUES FILHO, Eulâmpio. Suspensão cautelar e afastamento de gerente de sociedade por quotas. *Revista Brasileira de Direito Processual*, v. 54, abr./jun. 1987, p. 93-94. Em sentido contrário: HOLZ; POZIOMEK. *Curso de derecho comercial...*, p. 95; PLETI. *Intervenção judicial em sociedade empresária...*, p. 139-140.

[216] PEREIRA. *Medidas urgentes no direito societário...*, p. 246; VERÓN. *Tratado de los conflictos societarios...*, p. 485.

[217] VIDAL NETO. *Intervenção judicial na administração de sociedade...*, p. 54.

[218] VIDAL NETO. *Intervenção judicial na administração de sociedade...*, p. 54; MELLO. Intervención judicial de sociedades comerciales y acción de remoción de sus administradores o directores..., p. 557-558.

[219] COSTA. Intervenção judicial imediata na vida interna social (parecer)..., p. 40.

Na mesma linha, em situações excepcionais, nada obsta a concessão da medida *inaudita altera pars*[220] — característica padrão da medida em alguns ordenamentos que a regulam expressamente, como é o caso do argentino. Basta que a gravidade da situação seja tamanha que não admita o decurso de tempo necessário para a contraparte exercer seu direito ao contraditório e à ampla defesa.

Em regra, o conflito societário, por si só, mas especialmente quando chega ao nível de fazer necessária a intervenção judicial, precisa de uma resposta urgente e imediata, quer em caráter remediativo (*i.e.*, para evitar o agravamento do dano causado pela desinteligência entre os sócios) ou preventivo (*i.e.*, para impedir que o dano ocorra)[221].

Ainda, em sendo a nomeação de administradores pelos Tribunais uma medida excepcional[222] e extrema[223], a atuação do administrador judicial deve interferir o mínimo possível na estrutura e no funcionamento dos órgãos sociais[224].

De qualquer forma, deve-se evitar o abuso na utilização da medida[225]. Como quase tudo na vida, a intervenção deve ser equilibrada e moderada, respeitando-se o princípio da intervenção mínima.

Equilíbrio e moderação são cruciais na aplicação do instituto. Não se pode adotá-lo sem maiores escrúpulos, banalizando o remédio e gerando uma situação de insegurança pela interferência desmedida em assuntos societários. Muito menos é admissível sonegá-lo ao ponto de deixar que a sociedade desmorone por inércia ou omissão judicial[226].

Não deve ocorrer, da mesma forma, uma injustificada ingerência ou intromissão nos negócios do ente coletivo, o que pode provocar um dano

---

[220] PEREIRA. *Medidas urgentes no direito societário...*, p. 246; PLETI. *Intervenção judicial em sociedade empresária...*, p. 170 ss. Nesse sentido: Processo nº 2004.025.000354-0, 2ª Vara Cível da Comarca de Itaperuna, j. 30/01/2004.
[221] SANDOVAL. *Intervención judicial de sociedades comerciales...*, p. 3.
[222] CORREIA, Luís Brito. *Os administradores de sociedades anónimas*. Coimbra: Almedina, 1993, p. 772; MELLO. Intervención judicial de las sociedades comerciales y acciones de responsabilidad de sus administradores o directores..., p. 526.
[223] ROITMAN; AGUIRRE; CHIAVASSA. *Manual de sociedades comerciales...*, p. 326. Ver, também: PLETI. *Intervenção judicial em sociedade empresária...*, p. 174-175.
[224] GAGGERO. *Intervención judicial de sociedades comerciales...*, p. 37.
[225] ROITMAN; AGUIRRE; CHIAVASSA. *Manual de sociedades comerciales...*, p. 346.
[226] MALAGARRIGA. *Tratado elemental de derecho comercial...*, p. 637.

maior do que o que se quer evitar[227] — especialmente quando não demonstrado que outras soluções poderiam ser adotadas, ou na hipótese de terceiros serem atingidos[228].

Como já foi dito a respeito da teoria da desconsideração da personalidade jurídica, trata-se de "exorcizar o diabo com o demônio"[229]. A observação foi feita em outro contexto, mas também se aplica a este. Portanto, todo cuidado é pouco no uso da intervenção.

5.2. Provisoriedade

A intervenção na administração de sociedade, por ser excepcional, reveste-se de caráter provisório. Nessa linha, o interventor será administrador *"pro tempore"*, mesmo porque o provimento cautelar terá sempre por característica a provisoriedade[230].

---

[227] GAGGERO. *Intervención judicial de sociedades comerciales...*, p. 66; SPINELLI. *Exclusão de sócio por falta grave na sociedade limitada...*, p. 265-266. Ver, também, *v.g.*: ADAMEK. *Abuso de minoria em direito societário...*, p. 213; PEREIRA. *Medidas urgentes no direito societário...*, p. 211-212, 242-246; NUNES. Intervenção judicial liminar na administração de sociedades..., p. 96-98, 129-133; NUNES, Marcelo Guedes. Intervenção judicial: a nova Lei do CADE e a dissolução de sociedades. In: YARSHELL, Flávio Luiz; PEREIRA, Guilherme Setoguti J. (coord.). *Processo societário*. São Paulo: Quartier Latin, 2012, p. 494, 509; PRINCIPE. *Il controllo giudiziario nel governo societário...*, p. 69, 142; SANDOVAL. *Intervención judicial de sociedades comerciales...*, p. 39 ss; ROITMAN; AGUIRRE; CHIAVASSA. *Manual de sociedades comerciales...*, p. 329; VERÓN. *Tratado de los conflictos societários...*, p. 447 ss (especialmente p. 464-466); MELLO. Intervención judicial de sociedades comerciales y acción de remoción de sus administradores o directores..., p. 558. Ademais, o Superior Tribunal de Justiça já se posicionou a respeito (STJ, 3ª Turma, MC 14.561/BA, Rel. Min. Nancy Andrighi, j. 19/09/2008).

[228] "As medidas excepcionais deferidas pelo juízo da execução, tais como a desconsideração inversa da personalidade jurídica, a penhora sobre o faturamento, a anulação de contratos e alterações sociais, o afastamento de sócio da sociedade, a intervenção judicial, apenas são legítimas em situações de extrema necessidade, após o exaurimento de outros meios para a satisfação do crédito exequendo. 3. Na espécie, em juízo de cognição sumária, tem-se que as providências contidas no ato judicial impugnado não são dotadas de razoabilidade, mormente porque foram implementadas ex officio pelo magistrado, atingindo direito de terceiros não executados, em relação a crédito suspenso pelo parcelamento." (STJ, 2ª Turma, AgRg na MC 19.142/PR, Rel. Min. Castro Meira, j. 05/06/2012).

[229] SERICK, Rolf. *Aparencia y realidad em las sociedades mercantiles*. Barcelona: Ediciones Ariel, 1958, p. 18 (prólogo de Antonio Polo Diez).

[230] GAGGERO. *Intervención judicial de sociedades comerciales...*, p. 29, 73; HOLZ; POZIOMEK. *Curso de derecho comercial...*, p. 94; MELLO. Intervención judicial de sociedades comerciales y acción de remoción de sus administradores o directores..., p. 557; VIDAL NETO. *Intervenção*

CARACTERÍSTICAS DA MEDIDA

Como refere LUIS FERNANDO PEREIRA: "Em hipótese alguma poderá haver sentença final que disponha da nomeação de um administrador para qualquer sociedade; este é, e sempre será, atributo próprio de deliberação interna"[231]. "Ao Judiciário cabe intervir para afastar uma anormalidade, para disciplinar uma situação transitória, nunca para substituir um definitivo a vontade da maioria. Ao final, no máximo, pode-se definir a destituição do administrador eleito"[232].

Assim, em hipótese alguma, poderá haver sentença final no sentido da nomeação definitiva de um administrador para qualquer sociedade — situação que só pode ocorrer por deliberação interna dos sócios, apesar de ser possível como sentença final a destituição de um administrador[233] (o que deverá ser oficiado à respectiva Junta Comercial)[234].

Como consequência dessa situação, exige-se do administrador judicial um agir conservador, de forma a evitar riscos à continuidade da empresa, facilitando o seu controle pelo magistrado e pelo Ministério Público — se for o caso de intervenção do *Parquet*. Ao fim e ao cabo, é importante tornar a fase pós-intervenção menos traumática[235].

O ideal é sempre nomear interventor por prazo determinado ou, no máximo, enquanto durar a ação judicial[236]. Por exemplo, a nomeação do interventor pode ter como finalidade averiguar a ocorrência de irregula-

judicial na administração de sociedade..., p. 41 ss.; PEREIRA. *Medidas urgentes no direito societário...*, p. 234-235; PLETI. *Intervenção judicial em sociedade empresária...*, p. 121, 129. Também salientando a provisoriedade da intervenção judicial na administração das sociedades e apontando posicionamento jurisprudencial, ver: NUNES. Intervenção judicial liminar na administração de sociedades..., p. 89-90; NUNES. Intervenção judicial: a nova Lei do CADE e a dissolução de sociedades..., p. 494, 508-509. Ver, ainda: TJSC, 3ª Câmara de Direito Comercial, AI 2004.009485-0, Rel. Des. Fernando Carioni, j. 09/09/2004.

[231] PEREIRA. *Medidas urgentes no direito societário...*, p. 234-235.
[232] PEREIRA. *Medidas urgentes no direito societário...*, p. 235.
[233] PEREIRA. *Medidas urgentes no direito societário...*, p. 235 ss; PLETI. *Intervenção judicial em sociedade empresária...*, p. 73-74. Nesse sentido, observe-se, por exemplo, o disposto no art. 1.019, *caput*, do Código Civil: "Art. 1.019. São irrevogáveis os poderes do sócio investido na administração por cláusula expressa do contrato social, salvo justa causa, reconhecida judicialmente, a pedido de qualquer dos sócios".
[234] RODRIGUES FILHO. Suspensão cautelar e afastamento de gerente de sociedade por quotas..., p. 96.
[235] VIDAL NETO. *Intervenção judicial na administração de sociedade...*, p. 11.
[236] Nesse sentido: "O afastamento liminar dura até que se decida a cautelar (...) Procedente esta, vigora até o desfecho da ação principal." (RODRIGUES FILHO. Suspensão cautelar e afastamento de gerente de sociedade por quotas..., p. 95).

ridades, assinalando determinado prazo (60 ou 90 dias) para a apresentação de parecer.

Da mesma forma, é possível nomear cogestor para acompanhar a liquidação de quotas, hipótese em que a intervenção se encerrará com o final do procedimento. O modelo a seguir é, portanto, o de uma intervenção que não prejudique as atividades ordinárias da sociedade e permita, no menor espaço de tempo possível, proteger o interesse legítimo da parte requerente[237], sem prejudicar a consecução do objeto social.

Ao Poder Judiciário cabe intervir para evitar um grave prejuízo ou para afastar uma anormalidade, de modo a disciplinar uma situação transitória, mas nunca para substituir, em definitivo, a vontade da maioria e perpetuar o que provisório deve ser. Reitera-se que uma coisa é a intervenção para fazer valer uma ordem judicial ou para fazer cessar um abuso, por exemplo; outra, bem diferente (e inaceitável), é o deslocamento em definitivo do poder deliberativo do âmbito societário para o Poder Judiciário[238].

5.3. Acessoriedade

A intervenção judicial na administração de sociedade será sempre uma medida acessória[239] e, portanto, vinculada a outro processo ou a um pedido principal, como uma ação de exclusão de sócio, de apuração de haveres, de responsabilização do administrador (quando a sua destituição não for automática), entre outras[240-241].

Por conta disso, não se cogita a intervenção como uma medida autônoma e de caráter satisfativo, pois contrária, inclusive, à sua natureza, eminentemente cautelar. Nessa linha, a intervenção deve ser medida apta a

---

[237] VERÓN. *Tratado de los conflictos societarios...*, p. 440.
[238] PEREIRA. *Medidas urgentes no direito societário...*, p. 234-235; NUNES. Intervenção judicial liminar na administração de sociedades..., p. 83-133, p. 90.
[239] ROITMAN; AGUIRRE; CHIAVASSA. *Manual de sociedades comerciales...*, p. 324, 335. Ver, também: PLETI. *Intervenção judicial em sociedade empresária...*, p. 128.
[240] VERÓN. *Tratado de los conflictos societarios...*, p. 440.
[241] Na Argentina, por exemplo, a intervenção regulada na *Ley General de Sociedades* (*Ley 19.550* de 1984) está vinculada à ação de remoção de administrador (vide art. 114), muito embora se admita a intervenção judicial na administração de sociedades em função de outros fundamentos e, portanto, com outros objetivos. Ver: ROITMAN; AGUIRRE; CHIAVASSA. *Manual de sociedades comerciales...*, p. 326. No Paraguai, o *Codigo Procesal Civil* também exige, no art. 728, o início da ação de remoção do administrador para que seja possível a intervenção judicial.

assegurar a eficácia do processo ou do pedido principal[242], sendo que a extinção da ação principal acarreta, obrigatoriamente, a cessação da intervenção[243].

Ressalva-se, aqui, a hipótese de destituição de um administrador por vício da nomeação ou por irregularidades na gestão. Nessas situações, a intervenção possui caráter de verdadeira antecipação do julgamento de mérito[244].

5.4. Alterabilidade

Em razão da dinâmica da vida empresarial e do contexto fático que envolve a administração judicial de sociedade, é plenamente viável que o magistrado altere o tipo de medida à luz das necessidades do caso concreto[245].

O grau de intervenção varia de acordo com a gravidade da situação, devendo o alcance ser determinado de acordo com o caso concreto[246]. Assim, a intervenção por intermédio de administrador judicial observador pode vir a ser modificada para fins de atribuir ao interventor poderes de cogestão, e até de gestão em substituição aos administradores atuais, caso sejam verificadas irregularidades graves[247]. Aliás, a alterabilidade é uma característica intrínseca da tutela provisória[248].

---

[242] MELLO. Intervención judicial de sociedades comerciales y acción de remoción de sus administradores o directores..., p. 572-573.
[243] ROITMAN; AGUIRRE; CHIAVASSA. *Manual de sociedades comerciales...*, p. 350.
[244] PEREIRA. *Medidas urgentes no direito societário...*, p. 235 ss.; PLETI. *Intervenção judicial em sociedade empresária...*, p. 73-74.
[245] GAGGERO. *Intervención judicial de sociedades comerciales...*, p. 34, 73; VIDAL NETO. *Intervenção judicial na administração de sociedade...*, p. 42, 87; PEREIRA. *Medidas urgentes no direito societário...*,
p. 255; PLETI. *Intervenção judicial em sociedade empresária...*, p. 130.
[246] MELLO. Intervención judicial de sociedades comerciales y acción de remoción de sus administradores o directores..., p. 557.
[247] VIDAL NETO. *Intervenção judicial na administração de sociedade...*, p. 88; VERÓN. *Tratado de los conflictos societarios...*, p. 438.
[248] ROITMAN; AGUIRRE; CHIAVASSA. *Manual de sociedades comerciales...*, p. 328.

5.5. Revogabilidade

A tutela provisória, gênero do qual a tutela cautelar é espécie, é revogável no curso do processo (CPC, art. 296), de modo que a intervenção na administração de sociedade pode, a qualquer tempo, ser revogada[249]. A revogação pode se dar, inclusive, de ofício[250].

5.6. Fungibilidade

A fungibilidade das medidas cautelares autoriza ao juiz modificar a providência postulada pela parte a fim de determinar a consecução de outra que se mostre mais efetiva para assegurar o resultado útil do processo, ou mesmo para prescrever medida menos invasiva e onerosa para todos os envolvidos[251].

Logo, é perfeitamente crível que a parte requeira a nomeação de administrador judicial gestor, em substituição à administração atual, e o magistrado entenda por bem nomear administrador judicial observador[252]. Aliás, lembre-se que, havendo dois ou mais caminhos, a opção há de ser sempre, quando possível, a menos invasiva[253].

De qualquer forma, nada impede que a parte venha a requerer medida mais branda e que o juiz determine, diante da gravidade do caso concreto, medida mais intromissiva, tal como a nomeação de administrador judicial gestor. Outrossim, cabe ressaltar que a fungibilidade das tutelas cautelares não fere o princípio da demanda ou da adstrição, insculpido no art. 492 do Código de Processo Civil.

---

[249] VIDAL NETO. *Intervenção judicial na administração de sociedade...*, p. 42.
[250] VIDAL NETO. *Intervenção judicial na administração de sociedade...*, p. 42.
[251] PEREIRA. *Medidas urgentes no direito societário...*, p. 247; VIDAL NETO. *Intervenção judicial na administração de sociedade...*, p. 43, 87; PLETI. *Intervenção judicial em sociedade empresária...*, p. 122 ss, 176-177. Nesse sentido: "Agravo de instrumento. Medida cautelar. Afastamento de sócios-diretores de empresa. Nomeação de gerente. Presentes os requisitos. Deferimento. Nos procedimentos cautelares, o juiz poderá determinar as medidas provisórias que julgar adequadas para assegurar o êxito do processo principal e, ao afastar diretores da empresa, deverá nomear pessoa para administrá-la. Defere-se liminar quando presentes os requisitos da fumaça do bom direito e do perigo da demora." (TJRO, Câmara Especial, AI 01.000490-4, Rel. Des. Sebastião T. Chaves, j. 22/05/2001).
[252] VERÓN. *Tratado de los conflictos societarios...*, p. 516.
[253] TJRJ, 14ª Câmara Cível, AI 2.160/98, Rel. Des. José Affonso Rondeau, j. 15/06/1998.

5.7. Imediatez

Em razão da necessidade de se evitar o dano que fundamenta a aplicação da medida (ou o seu agravamento), a intervenção judicial deve ser cumprida imediatamente após a prolação da decisão[254].

Tanto isso é verdade que, no direito estrangeiro, existem previsões no sentido de que o recurso que desafia o decreto de intervenção deve ser recebido apenas no efeito devolutivo, como, por exemplo, dispõe expressamente o art. 117 da *Ley General de Sociedades* (*Ley 19.550* de 1984), na Argentina[255].

Essa construção processual nos parece aplicável no Brasil, diante da previsão do inciso I do art. 1015 do Código de Processo Civil, que autoriza a interposição de agravo de instrumento, com possibilidade de pedido de efeito suspensivo, em face de decisões interlocutórias que tratem de tutelas provisórias.

---

[254] GAGGERO. *Intervención judicial de sociedades comerciales...*, p. 55-56, 71.
[255] "Art. 117. La resolución que dispone que la intervención es apelable al solo efecto devolutivo". Sobre o assunto, ver: VERÓN. *Tratado de los conflictos societarios...*, p. 445.

6. Requisitos para a Concessão da Medida

É conhecida a dificuldade do Poder Judiciário no enfrentamento das questões de direito societário, em especial pela complexidade das matérias envolvidas e pela acirrada discussão sobre a conveniência de sua intromissão na vida societária — esfera privada, onde estão em jogo direitos patrimoniais disponíveis. A questão ganha contornos ainda mais dramáticos quando há a necessidade de apreciar e deferir tutelas de urgência, mediante juízo de cognição sumária[256].

Como referido, tanto a doutrina quanto a jurisprudência reconhecem a existência do *princípio da intervenção mínima* na esfera societária[257] — até porque as sociedades são estruturadas com órgãos e mecanismos aptos a solucionar as controvérsias intrassocietárias, de forma a equilibrar os inte-

---

[256] CARNELUTTI, Francesco. Eccesso di potere nella deliberazioni dell'assemblee delle anonime. *Rivista del Diritto Commerciale*, Roma, 24, 1926, p. 176; PROTO PISANI, Andrea. *La nuova disciplina del processo civile*. Napoli: Jovene, 1991, p. 334; PIMENTA. *Suspensão e anulação de deliberações sociais...*, p. 34; FRANÇA, Erasmo Valladão Azevedo e Novaes. *Conflito de interesses nas assembléias de S.A.* São Paulo: Malheiros, 1993, p. 46; PEREIRA. *Medidas urgentes no direito societário...*, p. 25.

[257] STJ, 3ª Turma, MC 14.561/BA, Rel. Min. Nancy Andrighi, j. 19/09/2008; TJSP, 1ª Câmara Reservada de Direito Empresarial, AI 2043114-62.2017.8.26.0000, Rel. Des. Cesar Ciampolini, j. 23/05/2017. Na doutrina: PRINCIPE. *Il controllo giudiziario nel governo societario...*, p. 69, 142; VERÓN. *Tratado de los conflictos societários...*, p. 447-448, 453; PEREIRA. *Medidas urgentes no direito societário...*, p. 211, 227; NUNES. Intervenção judicial liminar na administração de sociedades..., p. 83-133, p. 129-133, p. 132-133; VIDAL NETO. *Intervenção judicial na administração de sociedade...*, p. 52.

resses em jogo e pacificar internamente os litígios surgidos[258]. Por conta disso, é medida excepcional a intervenção na administração de sociedade pela nomeação de administrador judicial[259].

Ainda, por estar a intervenção judicial estritamente vinculada à tutela de urgência, a concessão da medida interventiva deve estar fundada em elementos que evidenciem (*i*) a probabilidade do direito (*fumus boni iuris*) e (*ii*) o perigo de dano ou risco ao resultado útil do processo (*periculum in mora*) (CPC, art. 300, *caput*)[260-261].

Ambos os requisitos devem ser escrupulosamente demonstrados pela parte requerente[262], muito embora não seja exigida, necessariamente, prova

---

[258] ROITMAN; AGUIRRE; CHIAVASSA. *Manual de sociedades comerciales...*, p. 335.

[259] TJSP, 2ª Câmara Reservada de Direito Empresarial, AI 2237440-56.2016.8.26.0000, Rel. Des. Carlos Alberto Garbi, j. 17/02/2017. Na doutrina: HALPERIN. *Curso de derecho comercial...*, p. 375.

[260] TAPR, 6ª Câmara Cível, AI 174.846-5, Rel. Des. Mendes Silva, j. 17/09/2001; TJMG, 13ª Câmara Cível, AI 1.0720.13.005327-8/001, Rel. Des. Newton Teixeira Carvalho, j. 27/02/2014; TJMG, 9ª Câmara Cível, AI 1.0024.10.240452-2/005, Rel. Des. Luiz Artur Hilário j. 13/11/2012; TJMG, 13ª Câmara Cível, AI 1.0428.08.012076-2/002, Rel. Des. Alberto Henrique, j. 06/06/2013; TJRO, Câmara Especial, AI 01.000490-4, Rel. Des. Sebastião T. Chaves, j. 22/05/2001; TJSC, 3ª Câmara de Direito Comercial, AI 2004.009485-0, Rel. Des. Fernando Carioni, j. 09/09/2004. Os requisitos, em suma, devem estar presentes: "(...) inexiste prova da urgência do direito postulado pelo sócio retirante, a justificar o afastamento do sócio administrador da empresa. Ausência dos requisitos autorizadores da antecipação de tutela. (...)" (TJRS, 5ª Câmara Cível, AI 70069399400, Rel. Des. Isabel Dias Almeida, j. 31/08/2016). Na doutrina: PLETI. *Intervenção judicial em sociedade empresária...*, p. 155-168; VERÓN. *Tratado de los conflictos societarios...*, p. 442.

[261] Na Argentina, o art. 114 da *Ley General de Sociedades* (*Ley 19.550* de 1984) dispõe que o requerente apontará, no pedido de intervenção, a existência de "*peligro y su gravedad*" que fundamentam a medida.

[262] VERÓN. *Tratado de los conflictos societarios...*, p. 465.

documental[263]. Por certo, a prova desses elementos deve ser robusta[264], devendo a intervenção judicial ser decretada em bases bem concretas[265].

Assim, em primeiro lugar, deve o autor demonstrar a probabilidade do seu direito[266], realizando-se prova robusta da base fática que permite a intervenção judicial na administração da sociedade[267]. Ademais, a parte requerente deve comprovar o perigo de dano ou o risco ao resultado útil do processo, elementos que não podem ser conjecturais e remotos ou meras alegações[268]. Muito pelo contrário, os fatos narrados devem ser concretos e eminentes[269], além de graves[270] e objetivos. Meros receios, riscos eventuais ou temores do requerente não podem ensejar a aplicação da medida[271].

De qualquer sorte, a necessidade da medida pode restar caracterizada pelo risco da continuidade do administrador no cargo[272] ou mesmo por

---

[263] MALAGARRIGA. *Tratado elemental de derecho comercial*..., p. 637.
[264] TJSC, 5ª Câmara de Direito Comercial, AI 2015.041567-8, Rel. Des. Des. Jânio Machado, j. 12/05/2016; TJMG, 16ª Câmara Cível, AI 1.0351.10.006077-8/001, Rel. Des. Wagner Wilson, j. 06/07/2011. Nesse sentido: "Medida cautelar. Intervenção judicial em sociedade anônima. Denegação. A intervenção do Judiciário na vida interna da sociedade comercial, com a nomeação de interventor para gerir empresa, não vem prevista no direito positivo brasileiro. De qualquer modo, não se justifica tal medida quando não se demonstra cabalmente a prática de atos de malversação de bens sociais." (TJSP, 6ª Câmara de Direito Privado, AI 6.962-4/8-00, Rel. Des. Ernani de Paiva, j. 09/05/1996. In: MESSIMA; FORGIONI. *Sociedades por ações*..., p. 375).
[265] MELLO. *Intervención judicial de sociedades comerciales y acción de remoción de sus administradores o directores*..., p. 557.
[266] Nesse sentido: TJRS, 9ª Câmara Cível, AI 70002762052, Rel. Des. Paulo de Tarso Vieira Sanseverino, j. 22/08/2001 (decisão assim ementada: "(...). Ausência de provas suficientes para a formulação de um juízo de verossimilhança acerca da responsabilidade do sócio-gerente pela delicada situação financeira enfrentada por sociedade comercial. Desnecessidade da medida judicial, em face da previsao contratual do exercício conjunto da gerencia por todos os sócios. Possibilidade de as duas sócias agravantes, que juntas detém 60% do capital social, de afastar o sócio agravado da gerencia da sociedade. (...)").
[267] TJRS, 5ª Câmara Cível, AI 599200672, Rel. Des. Carlos Alberto Bencke, j. 20/05/1999.
[268] TJRJ, 7ª Câmara Cível, APC 1995.001.00439, Rel. Des. Marlan de Moraes Marinho, j. 11/04/1995.
[269] SANDOVAL. *Intervención judicial de sociedades comerciales*..., p. 157-158; VERÓN. *Tratado de los conflictos societarios*..., p. 453.
[270] ROITMAN; AGUIRRE; CHIAVASSA. *Manual de sociedades comerciales*..., p. 329.
[271] PLETI. *Intervenção judicial em sociedade empresária*..., p. 168; COZIAN; VIANDIER; DEBOISSY. *Droit des sociétés*..., p. 235.
[272] RODRIGUES FILHO. *Suspensão cautelar e afastamento de gerente de sociedade por quotas*..., p. 94.

um perigo futuro[273]. Com efeito, o perigo de dano normalmente se consubstancia na possibilidade de os administradores praticarem novos atos lesivos ao interesse social e/ou a quem requereu a medida, o que deve ser evitado tanto quanto possível[274].

Demonstrado o prognóstico de probabilidade, bem como utilidade, a eficácia e a indispensabilidade da medida, o ideal é que a intervenção judicial seja requerida *initio litis*, sem audiência da parte contrária[275] — o que é admitido tanto pela doutrina[276] quanto pela jurisprudência[277].

Se, por outro lado, os pressupostos não estiverem cabalmente demonstrados, deve ser ouvida a contraparte[278].

Nos casos em que *(i)* o resultado econômico-financeiro do negócio for bom (e especialmente quando há melhora em relação aos períodos anteriores), *(ii)* quando as obrigações de manter a escrituração contábil em ordem e de levantar as demonstrações financeiras são escrupulosamente respeitadas, bem como *(iii)* quando os órgãos sociais funcionam regularmente, a necessidade de intervenção pode se fazer menos presente, ao menos na maior parte dos casos[279].

De qualquer sorte, vale registrar que o mero desempenho econômico insuficiente ou ruim da empresa, por si só, não é motivo bastante para justificar a intervenção na administração da sociedade. É preciso que, além disso, estejam presentes fundamentos para o decreto interventivo (como irregularidades na contabilidade que dão ensejo a descontrole de receitas e despesas, etc.)[280].

---

[273] COZIAN; VIANDIER; DEBOISSY. *Droit des sociétés...*, p. 235.
[274] ROITMAN; AGUIRRE; CHIAVASSA. *Manual de sociedades comerciales...*, p. 330. Nesse sentido, o art. 728 do *Código Procesal Civil* paraguaio coloca como um dos requisitos para a intervenção judicial o perigo da demora.
[275] RODRIGUES FILHO. Suspensão cautelar e afastamento de gerente de sociedade por quotas..., p. 94 (que assim complementa: "A advertência se impõe, porque a eventual citação do gerente demandado, antes de deferida a liminar, violaria o sigilo de que deve se revestir a pretensão, podendo abrir-lhe oportunidade para que: use dos poderes que lhe foram outorgados no contrato social, de forma ainda mais nociva; faça desaparecer provas; alicie sócios à sua causa, etc."). Ver, também: PLETI. *Intervenção judicial em sociedade empresária...*, p. 170 ss.
[276] PEREIRA. *Medidas urgentes no direito societário...*, p. 246.
[277] Processo nº 2004.025.000354-0, 2ª Vara Cível da Comarca de Itaperuna, j. 30/01/2004.
[278] TJRS, 5ª Câmara Cível, AI 70001486349, Rel. Des. Sérgio Pilla da Silva, j. 05/10/2001.
[279] VERÓN. *Tratado de los conflictos societarios...*, p. 454.
[280] TJRS, 5ª Câmara Cível, APC 70005402623, Rel. Des. Leo Lima, j. 25/09/2003.

Em caso de dúvida, em respeito ao *princípio da não intervenção*, o juiz deve preferir não adentrar em assuntos societários *interna corporis*. Sem embargo, essa tendência restritiva não pode — nem deve — ter o mesmo alcance em todas as espécies de intervenção[281], sendo, obviamente, mais presente na hipótese de nomeação de um gestor do que na de um observador.

Como quer que seja, o magistrado fará um juízo de probabilidade, sopesando os possíveis danos decorrentes da intervenção e aqueles potencialmente sofridos pela parte interessada em caso de perpetuação da ilegalidade[282].

Reitera-se que: de um lado, a concessão da medida não pode causar um dano maior do que aquele que se pretende prevenir[283]; de outro, uma vez preenchidos os requisitos formais e materiais para a intervenção, o magistrado não deve hesitar em decretar a providência[284], a qual deve ser modelada de acordo com as circunstâncias do caso concreto no tocante à fixação das atribuições do administrador judicial[285].

Por certo, o emprego do instituto não pressupõe o exaurimento dos mecanismos contratuais para a resolução de impasses e controvérsias[286], como, aliás, já foi referido. Conforme já destacado por estudos mais recentes sobre o tema — a nosso ver, com acerto —, a intervenção judicial na administração de sociedades é ditada pelas necessidades e pela urgência do caso concreto[287]. Assim, o emprego da intervenção judicial na administração da sociedade se justifica quando outras medidas se revelam (ou tenham se revelado) ineficazes[288].

Mesmo nos países cujas legislações exigem esgotamento das instâncias societárias para o deferimento da intervenção — como acontece na Argentina e no Uruguai, por admitirem a intervenção apenas como *the*

---

[281] SANDOVAL. *Intervención judicial de sociedades comerciales...*, p. 180.
[282] VERÓN. *Tratado de los conflictos societarios...*, p. 441.
[283] ROITMAN; AGUIRRE; CHIAVASSA. *Manual de sociedades comerciales...*, p. 329; VERÓN. *Tratado de los conflictos societarios...*, p. 464-465.
[284] MERLINSKI. *Manual de sociedades comerciales...*, p. 123.
[285] GAGGERO. *Intervención judicial de sociedades comerciales...*, p. 13-14.
[286] VIDAL NETO. *Intervenção judicial na administração de sociedade...*, p. 54. Ver, também: RODRIGUES FILHO. Suspensão cautelar e afastamento de gerente de sociedade por quotas..., p. 93-94. Em sentido contrário: HOLZ; POZIOMEK. *Curso de derecho comercial...*, p. 95; PLETI. *Intervenção judicial em sociedade empresária...*, p. 139-140.
[287] VIDAL NETO. *Intervenção judicial na administração de sociedade...*, p. 54.
[288] VIDAL NETO. *Intervenção judicial na administração de sociedade...*, p. 54.

last resort —, a jurisprudência vem atenuando os requisitos. Efetivamente, os Tribunais vêm tornando-os menos rígidos quando resta evidente que o esforço do sócio será infrutífero — seja em função da sua pequena participação no capital social da sociedade, seja porque ilicitamente não lhe é permitido exercitar seus direitos de sócio — ou, ainda, quando o intervalo de tempo necessário para percorrer a via societária é evidentemente demasiado diante do dano que está por se concretizar ou agravar[289].

De qualquer sorte, o Poder Judiciário não pode se tornar mero substituto dos instrumentos societários. Assim, por exemplo, não se vislumbra a possibilidade de ocorrer o afastamento judicial de administrador se for viável que seja destituído pela assembleia ou reunião de sócios — salvo se existentes fundadas razões para que não seja possível a destituição do gestor conforme as regras societárias[290].

Finalmente, importante salientar, uma vez mais, que a parte que requer a medida não pode ter dado causa ou sido corresponsável pelo vício, conflito ou problema que supostamente justifica a medida interventiva[291].

No mais, devem-se respeitar os demais requisitos impostos pela legislação processual civil para a obtenção de tal tutela de urgência[292]. Nesse sentido, vale lembrar que o juiz pode, conforme o caso, exigir caução real ou fidejussória idônea para ressarcir os danos que a outra parte possa vir a sofrer, podendo a caução ser dispensada se a parte economicamente hipossuficiente não puder oferecê-la (CPC, art. 300, §1º)[293].

---

[289] ROITMAN; AGUIRRE; CHIAVASSA. *Manual de sociedades comerciales...*, p. 335-336; VERÓN. *Tratado de los conflictos societarios...*, p. 459.

[290] Assim, tendemos a discordar do seguinte julgado: TJGO, 1ª Câmara Cível, AI 9328-8/180, Rel. Des. Roldão Oliveira de Carvalho, j. 05/12/1995. *Revista dos Tribunais*, a. 85, v. 730, p. 306, ago. 1996 ("Na sociedade por cotas de responsabilidade limitada, os sócios detentores da maior parte do capital social podem, a qualquer tempo e sem justificativa, pedir o afastamento do sócio-gerente minoritário, cumulado com outras providências. Em tais sociedades, o que predomina é a vontade da maioria dos sócios, seja manifestada no contrato verbal, seja em reunião. Basta a manifestação dessa vontade para justificar a concessão da liminar.").

[291] HALPERIN. *Curso de derecho comercial...*, p. 375. Ver, também: PLETI. *Intervenção judicial em sociedade empresária...*, p. 168; VERÓN. *Tratado de los conflictos societarios...*, p. 495 ss.

[292] Veja-se que o art. 188 da *Ley de Sociedades Comerciales* uruguaia assim dispõe: "(Remisión a normas procesales). Lo previsto en esta Sección es sin perjuicio de lo establecido en el Libro II, Título II del Código General del Proceso, cuyas normas se aplicarán en lo pertinente a la intervención judicial que esta ley regula."

[293] O art. 116 da da *Ley General de Sociedades* (*Ley 19.550* de 1984) argentina prevê, como condição especial de legitimação, que o requerente preste uma espécie de caução para in-

denizar os eventuais prejuízos que a medida possa causar ("El peticionante deberá prestar la contracautela que se fije, de acuerdo con las circunstancias del caso, los perjuicios que la medida pueda causar a la sociedad y las costas causídicas"). Na mesma linha, o art. 225, item 4, do *Codigo Procesal Civil y Comercial de la Nacion (CPCCCN)* assim dispõe: "La contracautela se fijará teniendo en consideración la clase de intervención, los perjuicios que pudiere irrogar y las costas". No Uruguai, tendo em vista a aplicação do art. 188 da *Ley 16.060*, entende-se necessária a prestação de caução, conforme artigos 314 e 315 do *Código General del Proceso* (HOLZ; POZIOMEK. *Curso de derecho comercial*..., p. 95; MELLO. Intervención judicial de sociedades comerciales y acción de remoción de sus administradores o directores..., p. 574). Na Itália, também há previsão de prestação de caução no art. 2.409 do *Codice Civile*: "Il tribunale, sentiti in camera di consiglio gli amministratori e i sindaci, può ordinare l'ispezione dell'amministrazione della società a spese dei soci richiedenti, subordinandola, se del caso, alla prestazione di una cauzione. Il provvedimento è reclamabile". De qualquer forma, mesmo nos países em cujos sistemas a caução é obrigatória por força de lei, a doutrina e a jurisprudência mitigam a sua exigência diante das seguintes situações: (*i*) para algumas espécies de intervenção cuja probabilidade de gerar dano é pequena (como na intervenção por nomeação de administrador judicial observador); (*ii*) quando há certeza acerca do direito da parte requerente; (*iii*) quando for evidente a capacidade econômica da parte requerente para fazer frente a uma possível indenização em razão da intervenção (especialmente quando a parte requerente for o Estado ou entidades oficiais); (*iv*) quando a parte requerente litiga com gratuidade de custas; e (*v*) em razão da natureza do litígio (notadamente quando a intervenção for requerida em inventários e divórcios). Segundo a doutrina, os três requisitos para a concessão da intervenção (a verossimilhança do direito alegado, o perigo de dano e a necessidade de prestar caução) operam como vasos comunicantes: quanto maior certeza que se tenha de algum dos requisitos, mais flexível se poderá ser com os outros (ROITMAN; AGUIRRE; CHIAVASSA. *Manual de sociedades comerciales*..., p. 330-332; VERÓN. *Tratado de los conflictos societarios*..., p. 443). Ainda, encontramos caso no Brasil em que foi determinada a prestação de caução (TJSC, 3ª Câmara de Direito Comercial, AI 99.022952-1, Rel. Des. Anselmo Cerello, j. 26/10/2000); por sua vez, há precedente em que se refere expressamente ser desnecessária a prestação de caução, tendo em vista a inexistência de obrigatoriedade (TAPR, 6ª Câmara Cível, AI 174.846-5, Rel. Des. Mendes Silva, j. 17/09/2001).

7. Legitimação Ativa

No Brasil, qualquer pessoa pode requerer a nomeação de administrador judicial interventor, bastando que, para tanto, demonstre legítima titularidade do direito pretendido (bem como, se for o caso, ter legitimação para a promoção do processo principal a que a medida sucede)[294].

Usualmente, quem requer a intervenção ostenta a qualidade de sócio[295] — como, inclusive, está positivado em alguns países[296] —, não sendo neces-

---

[294] Igualmente na França: COZIAN; VIANDIER; DEBOISSY. *Droit des sociétés...*, p. 236.

[295] PLETI. *Intervenção judicial em sociedade empresária...*, p. 148-150. Assim também se refere na França, fazendo-se, particularmente, referência aos minoritários (COZIAN; VIANDIER; DEBOISSY. *Droit des sociétés...*, p. 236).

[296] No Uruguai, a *Ley de Sociedades Comerciales* (*Ley 16060* de 1989) dispõe no art. 185: "(Requisitos). El peticionante acreditará su condición de socio o accionista, los hechos invocados y el agotamiento de los recursos previstos en el contrato social". Na Argentina, o art. 114 da *Ley General de Sociedades* (*Ley 19.550* de 1984) assim dispõe: "El peticionante acreditará su condición de socio, la existencia del peligro y su gravedad, que agotó los recursos acordados por el contrato social y se promovió acción de remoción." No Paraguai, o art. 728 do *Codigo Procesal Civil* assim dispõe: "Art.728. Administración. La administración judicial sólo podrá decretarse a solicitud de un socio, condómino o comunero, y siempre que concurran los siguientes requisitos: a) que se inicie la acción de remoción del administrador; y b) que haya peligro en la demora." Na Itália, por sua vez, o art. 2.409 do *Codice Civile* assim dispõe: "Se vi è fondato sospetto che gli amministratori, in violazione dei loro doveri, abbiano compiuto gravi irregolarità nella gestione che possano arrecare danno alla società o a una o più società controllate, i soci che rappresentano il decimo del capitale sociale o, nelle società che fanno ricorso al mercato del capitale di rischio, il ventesimo del capitale sociale possono denunziare i fatti al tribunale con ricorso notificato anche alla società. Lo statuto può prevedere percentuali minori di partecipazione." "I provvedimenti previsti da questo articolo possono

sário que o requerente possua uma participação mínima no capital[297], como muitas vezes ocorre para o exercício de outros direitos de natureza societária[298]. Basta que, evidentemente, tenha legitimação para a promoção da ação principal[299].

O sócio majoritário pode valer-se da intervenção judicial, uma vez que não necessariamente consegue, sozinho, destituir os administradores (vide os quóruns previstos no Código Civil para a destituição de administradores na sociedade limitada). Todavia, "esse instrumento guarda utilidade ainda maior para o minoritário, que não tem poder para destituir, sozinho, os dirigentes ímprobos mediante alteração do contrato ou estatuto promovida por deliberação da assembleia social"[300].

Ainda, nada obsta que a medida seja solicitada por herdeiro de sócio, seu cônjuge ou companheiro — ou, ainda, por inventariante judicial ou extrajudicial, caso demonstrem o interesse jurídico na intervenção[301].

Possível, também, que algum administrador, ou mesmo ex-administrador, possa buscar a intervenção judicial[302]. Entretanto, não se admite que a intervenção seja requerida por órgão social, como o Conselho de Administração[303].

---

essere adottati anche su richiesta del collegio sindacale, del consiglio di sorveglianza o del comitato per il controllo sulla gestione, nonché, nelle società che fanno ricorso al mercato del capitale di rischio, del pubblico ministero; in questi casi le spese per l'ispezione sono a carico della società". Sobre o debate se terceiros podem postular a intervenção judicial ou se seria medida restrita aos sócios, ver: MELLO. *Intervención judicial de sociedades comerciales y acción de remoción de sus administradores o directores...*, p. 568 ss.

[297] ROITMAN; AGUIRRE; CHIAVASSA. *Manual de sociedades comerciales...*, p. 332.

[298] Por exemplo, arts. 105, 124, §3º, 141, §4º, I, 157, §1º, 159, §4º, da Lei 6.404/76.

[299] MELLO. *Intervención judicial de sociedades comerciales y acción de remoción de sus administradores o directores...*, p. 571.

[300] PLETI. *Intervenção judicial em sociedade empresária...*, p. 150.

[301] Nesse sentido: TJRS, 6ª Câmara Cível, AI 70008706376, Rel. Des. Cacildo de Andrade Xavier, j. 30/06/2004 (acórdão assim ementado: "(...). A agravada tem legítimo interesse na higidez da empresa, pois na ação de dissolução de união estável em liquidação de sentença lhe foi reconhecida participação societária. Sendo assim, conforme autorização do artigo 1.019 do CCB, poderá o sócio administrador ser afastado, por via judicial e mediante comprovação de justa causa, mesmo tendo sido investido na administração por contrato social, conforme o que ocorre nos presentes autos. (...)").

[302] COZIAN; VIANDIER; DEBOISSY. *Droit des sociétés...*, p. 236.

[303] Sobre os fundamentos pelos quais órgãos sociais não podem ajuizar demandas, ver: SCHMIDT. *Gesellschaftsrecht*, B. I..., p. 421-424.

Ademais, podem ter legitimação ativa os credores da sociedade, bem como autoridades de controle e fiscalização como Ministério Público[304] e agências ou autarquias reguladoras, como a Comissão de Valores Mobiliários (CVM) ou o Conselho Administrativo de Defesa Econômica (CADE)[305].

Vale lembrar, ainda, as hipóteses de intervenção previstas nos arts. 64 e 65 da LREF, situações em que o devedor e seus administradores podem ser afastados da condução da empresa (por requerimento de qualquer interessado — *v.g.*, administrador judicial, Comitê de Credores, qualquer credor ou mesmo sócio da sociedade devedora — ou, inclusive, de ofício pelo próprio magistrado).

Nesses casos, tão importante quanto a demonstração da probabilidade do direito (*fumus boni iuris*) e do perigo de dano ou risco ao resultado útil do processo (*periculum in mora*), é a prova cabal do interesse jurídico que legitima a posição do requerente.

---

[304] Na Itália, a legitimidade de terceiros além dos acionistas está prevista, expressamente, no *Codice Civile*: "I provvedimenti previsti da questo articolo possono essere adottati anche su richiesta del collegio sindacale, del consiglio di sorveglianza o del comitato per il controllo sulla gestione, nonché, nelle società che fanno ricorso al mercato del capitale di rischio, del pubblico ministero; in questi casi le spese per l'ispezione sono a carico della società.". Na jurisprudência: TJRS, 4ª Câmara Cível, MS 70070398540, Rel. Des. Newton Brasil de Leão, j. 20/10/2016; Processo nº 2004.025.000354-0, 2ª Vara Cível da Comarca de Itaperuna, j. 30/01/2004.
[305] ROITMAN; AGUIRRE; CHIAVASSA. *Manual de sociedades comerciales...*, p. 340.

8. Legitimação Passiva

O objeto da intervenção é a sociedade. Efetivamente, ainda que seus administradores ou sócios tenham dado causa à ação, é a sociedade que sofrerá a intervenção[306]. Vale dizer, o interesse protegido, ainda que mediatamente, é o da sociedade, mesmo que o autor da ação esteja buscando satisfazer, de modo direto, interesses próprios[307].

De qualquer maneira, apesar de mais frequente em sociedades — face ao interesse econômico envolvido nas associações com fins lucrativos —, qualquer entidade pode ser objeto de intervenção judicial (personificada ou não)[308].

---

[306] MELLO. *Intervención judicial de las sociedades comerciales y acciones de responsabilidad de sus administradores o directores...*, p. 527; ROITMAN; AGUIRRE; CHIAVASSA. *Manual de sociedades comerciales...*, p. 334.
[307] SANDOVAL. *Intervención judicial de sociedades comerciales...*, p. 135.
[308] Para evitar utilizar a expressão "intervenção na administração de *entidade*" — pois "entidade" é termo sem significado específico em direito —, preferiu-se utilizar "intervenção na administração de *sociedade*", uma vez que é nesta que mais corriqueiramente se utiliza o instituto da intervenção. De qualquer forma, sempre que neste trabalho for empregada a expressão "intervenção em sociedade", entenda-se intervenção em toda e qualquer entidade passível de se sujeitar a medida, inclusive, associações e fundações.

Assim, todos os tipos societários, inclusive as sociedades não personificadas (tal qual a sociedade em comum)[309-310-311] ou mesmo as cooperativas[312], independentemente se empresárias ou não, podem ser objeto de intervenção[313]. Até as sociedades de economia mista[314] e empresas que funcionam mediante o regime de concessão[315] podem ser objeto de intervenção judicial.

Difícil que ocorra a intervenção judicial em uma Empresa Individual de Responsabilidade Limitada — EIRELI, ao menos em decorrência de questões internas, uma vez que, se isoladamente considerada, é constituída por apenas um sócio — ainda que a administração seja exercida por pessoa diversa da de seu quotista. Mas nada impede, por exemplo, que a intervenção atinja um grupo de fato ou de direito, cujo acionista controlador exerça o controle totalitário de uma EIRELI. Nesse caso, os efeitos

---

[309] Admitindo a intervenção em sociedade em comum, ver: TJRS, 5ª Câmara Cível, AI 70037506946, Rel. Des. Luiz Felipe Brasil Santos, j. 25/08/2010; TJRS, 6ª Câmara Cível, AI 70034109470, Rel. Des. Artur Arnildo Ludwig, j. 15/04/2010; TJSC, 1ª Câmara Cível, AI 2004.001489-9, Rel. Des. Maria do Rocio Luz Santa Ritta, j. 19/07/2005. Na doutrina: GAGGERO. *Intervención judicial de sociedades comerciales...*, p. 91-92; MALAGARRIGA. *Tratado elemental de derecho comercial...*, p. 652; VERÓN. *Tratado de los conflictos societarios...*, p. 476 ss.; ROITMAN; AGUIRRE; CHIAVASSA. *Manual de sociedades comerciales...*, p. 342; MERLINSKI. *Manual de sociedades comerciales...*, p. 123-124. Todavia, no caso de intervenção judicial em sociedades em comum, exige-se maior cautela no sentido de restar provada a existência da sociedade. Nessa linha: MALAGARRIGA. *Tratado elemental de derecho comercial...*, p. 653.

[310] Ante a irregularidade verificada no exercício da atividade, a doutrina que se debruçou sobre o assunto normalmente admite a intervenção nas sociedades de fato com a condição de que a medida resulte, ao fim e ao cabo, na dissolução e na liquidação da sociedade (MALAGARRIGA. *Tratado elemental de derecho comercial...*, p. 654).

[311] Sobre os mais diversos aspectos da sociedade em comum, ver a seguinte seminal tese: FRANÇA, Erasmo Valladão Azevedo e Novaes. *Sociedade em comum*. São Paulo: Malheiros, 2013. Ver, ainda: FÉRES, Marcelo Andrade. *Sociedade em comum*: disciplina jurídica e institutos afins. São Paulo: Saraiva, 2011; AZEVEDO, Noé. *Das sociedades irregulares e sua prova*. São Paulo: Empreza Graphica da Revista dos Tribunaes, 1930; BARBOSA MAGALHÃES, José Maria Vilhena. *Da natureza jurídica das sociedades comerciais irregulares*. Lisboa: Jornal do Foro, 1953.

[312] ROITMAN; AGUIRRE; CHIAVASSA. *Manual de sociedades comerciales...*, p. 344.

[313] ROITMAN; AGUIRRE; CHIAVASSA. *Manual de sociedades comerciales...*, p. 339. Para um panorama geral, analisando a intervenção nos diversos tipos societários, ver: GAGGERO. *Intervención judicial de sociedades comerciales...*, p. 83 ss.

[314] VERÓN. *Tratado de los conflictos societarios...*, p. 476.

[315] TJRS, 9ª Câmara Cível, AI 70018101444, Rel. Des. Tasso Caubi Soares Delabary, j. 20/12/2006.

da intervenção (inclusive a nomeação de administrador judicial) atingirão, direta ou indiretamente, a sociedade unipessoal.

Sociedades em qualquer fase desenvolvimento podem sofrer intervenção. Dessa forma, as sociedades em organização[316] — enquadradas como sociedade em comum, exceto a sociedade anônima[317] — ou são regularizadas por meio da própria intervenção ou são encaminhadas para a sua definitiva dissolução[318].

Pela mesma razão, a medida se estende às sociedades em liquidação[319]. Com efeito, pode haver a nomeação de administrador judicial quando, na dissolução, o liquidante descumpre gravemente seus deveres — por exemplo, quando atua em prejuízo da sociedade e dos sócios, faz novos investimentos, inicia negócios ao invés de ultimar os já existentes, não confecciona demonstrações financeiras periódicas, não mantém a contabilidade obrigatória ou não presta contas da sua administração, dentre outros[320].

Não se pode descartar a possibilidade de intervenção judicial nas sociedades que se encontram em recuperação judicial ou extrajudicial — sempre lembrando, ainda, a hipótese prevista nos arts. 64 e 65 da Lei 11.101/2005[321].

---

[316] ROITMAN; AGUIRRE; CHIAVASSA. *Manual de sociedades comerciales...*, p. 341-342.

[317] Essa conclusão decorre da previsão dos arts. 94 c/c 99 da Lei 6.404/76, bem como consta no art. 986 do Código Civil.

[318] VERÓN. *Tratado de los conflictos societarios...*, p. 476.

[319] VERÓN. *Tratado de los conflictos societarios...*, p. 478-479; ROITMAN; AGUIRRE; CHIAVASSA. *Manual de sociedades comerciales...*, p. 342.

[320] GAGGERO. *Intervención judicial de sociedades comerciales...*, p. 92-93; MALAGARRIGA. *Tratado elemental de derecho comercial...*, p. 654; HALPERIN. *Curso de derecho comercial...*, p. 375.

[321] Durante o procedimento de recuperação judicial, o devedor e seus administradores, regra geral, serão mantidos na condução da atividade empresarial (sendo que, em se tratando de sociedade, os órgãos sociais continuam funcionando normalmente de acordo com a legislação societária, não tendo os sócios seus direitos suspensos), apesar de o processo de recuperação judicial (da sociedade ou dos sócios) poder impactar a vida da sociedade e de seus sócios, como pode ocorrer no âmbito dos acordos de sócios (BUENO, Isabelle Ferrarini. *Da extinção do acordo de acionistas por causa superveniente*. Dissertação (Mestrado em Direito). Faculdade de Direito da Universidade Federal do Rio Grande do Sul, Porto Alegre, 2017, p. 141 ss). Ficarão, no entanto, sob fiscalização do Comitê de Credores, se houver, e do administrador judicial (LREF, art. 64, *caput*) — a vigilância por órgãos da recuperação funciona como uma espécie de contrapartida à liberdade conferida ao devedor e a seus administradores —, bem como dos próprios credores e demais interessados. É o que a doutrina norte-americana chama de *debtor-in-possession*, um benefício que estimula a recuperação, na medida em que o titular da empresa não precisa ter o receio (*ex ante*) de perder o controle gerencial para se valer do regime recuperatório (além de garantir a elaboração de um plano por quem está ciente

das questões relevantes do negócio) (WARREN, Elizabeth; WESTBROOK, Jay Laurence; PORTER, Katherine; POTTOW, John A. E. *The law of debtors and creditors*. New York: Wolters Kluwer, 2014, p. 368 ss). De qualquer sorte, na recuperação judicial da Oi (Processo nº 0203711-65.2016.8.19.0001, 7ª Vara Empresarial da Comarca do Rio de Janeiro/RJ), entre outros eventos, em que acionista postulou a convocação de assembleia geral extraordinária (de acordo com a Lei 6.404/76) com o objetivo de destituir e eleger novos membros para o Conselho de Administração, entendeu-se que o juízo da recuperação judicial poderia suspender o requerimento de convocação, mesmo porque tal medida poderia levar à modificação dos órgãos administrativos e à alteração do poder de controle, o que seria meio de recuperação judicial previsto no art. 50 da LREF. E assim entendeu o STJ ao resolver, em sede liminar, o conflito de competência entre o juízo da recuperação judicial e o juiz arbitral competente (STJ, CC 148.728/RJ, Rel. Min. Marco Buzzi, j. 06/09/2016). A despeito da regra do *debtor-in--possession*, a perda do controle gerencial da sociedade em crise por parte do devedor não foi ignorada pelo legislador. Efetivamente, o devedor e seus administradores, segundo o art. 64, podem ser afastados da condução da empresa se qualquer deles praticar as condutas ali referidas ou se assim estiver previsto no plano. A redação do art. 64 utiliza as expressões "devedor" e "administradores" (quando refere que eles "serão mantidos na condução da atividade empresarial..."); em razão disso, em uma interpretação literal do dispositivo, entende-se pela possibilidade de afastamento (*i*) do empresário individual, (*ii*) dos sócios de sociedade de responsabilidade ilimitada (LREF, art. 190), e (*iii*) dos administradores de sociedades empresárias personificadas. Questão que deve ser analisada é se a própria sociedade personificada titular da atividade empresarial (uma sociedade limitada ou anônima, por exemplo) poderia ser afastada. As repercussões são importantes, na medida em que, afastada a sociedade, estariam afastados, automaticamente, o controlador e os minoritários (nesse caso, o gestor judicial, nomeado em substituição da sociedade devedora, passaria a gerir os negócios empresariais "de fora" da estrutura societária, em uma espécie de controle externo). Em caso afirmativo — isto é, sendo possível afastar a sociedade devedora da atividade empresarial —, os minoritários acabariam prejudicados, uma vez que o ato lesivo é praticado, geralmente, sem sua participação. Por isso, uma alternativa viável seria interpretar a LREF no sentido da possibilidade do afastamento do controlador, hipótese em que os minoritários não seriam afetados, pois os negócios seriam conduzidos, nesse caso, "a partir", e não "de fora" da estrutura societária já existente (MUNHOZ, Eduardo Secchi. Seção IV: Do procedimento de recuperação judicial. In: SOUZA JUNIOR, Francisco Satiro de; PITOMBO, Antonio Sergio A. de Moraes (coord.). *Comentários à Lei de Recuperação de Empresas e Falências*. 2 ed. rev., atual. e ampl. São Paulo: Revista dos Tribunais, 2007, p. 308; e CEREZETTI. *A recuperação judicial de sociedade por ações...*, p. 407. Esse foi o entendimento do magistrado da recuperação judicial da Varig S/A — Viação Aérea Rio-Grandense (Processo nº 2005.001.072887-7, 1ª Vara de Direito Empresarial da Comarca do Rio de Janeiro/RJ), que afastou o acionista controlador, impedindo-o de interferir na composição do conselho de administração e da diretoria – bem como o que ocorreu, em certa medida, na recuperação judicial da Oi (Processo nº 0203711-65.2016.8.19.0001, 7ª Vara Empresarial da Comarca do Rio de Janeiro/RJ). Porém, é preciso lembrar que o dispositivo em questão, quando da aprovação do projeto de lei na Câmara dos Deputados, previa, expressamente, a possibilidade de afastamento do controlador nas mesmas hipóteses previstas para o afastamento do administrador, o que se faria "por meio da suspen-

Diante da prática de irregularidades, também é possível o afastamento de qualquer tipo de administrador, seja ele executivo, estatutário ou mesmo

são do seu direito de voto". Consta que a regra foi suprimida na Comissão de Assuntos Econômicos do Senado, alteração que permaneceu até o final do trâmite legislativo, razão pela qual, para alguns, fica clara a intenção de excluir a hipótese de afastamento do controlador (FONSECA, Humberto Lucena Pereira da. Comentários aos arts. 64 a 69. In: CORRÊA-LIMA, Osmar Brina; CORRÊA LIMA, Sérgio Mourão (coord.). *Comentários à Nova Lei de Falência e Recuperação de Empresas*. Rio de Janeiro: Forense, 2009, p. 432). A nosso ver, por ser uma medida drástica e de graves repercussões — além de não parecer ter sido esse o objetivo do legislador —, cremos que, como regra, só o devedor empresário individual pode ser afastado da condução da empresa, além dos administradores de sociedades (como expressamente previsto), ficando, em princípio, de lado as hipóteses de afastamento do controlador e da própria sociedade titular da atividade empresarial — medidas estas que poderiam ser tomadas apenas em casos extremos, mediante a devida comprovação de abuso do poder de controle. Assim, caso o juiz ordene a destituição de administrador da sociedade devedora por qualquer das hipóteses previstas no art. 64, ele será substituído na forma prevista nos atos constitutivos (contrato ou estatuto social) da sociedade devedora ou do plano de recuperação judicial (LREF, art. 64, parágrafo único). Na hipótese específica do afastamento do devedor empresário individual, o juiz convocará a assembleia de credores para deliberar sobre o nome do gestor judicial que assumirá a administração da empresa, aplicando-se-lhe, no que couber, todas as normas sobre deveres, impedimentos e remuneração do administrador judicial (LREF, art. 65). A competência para a escolha do gestor judicial é da assembleia geral de credores, não do magistrado nem do administrador judicial, respeitado o quórum previsto no art. 42 da LREF. Ou seja, é dos credores reunidos em assembleia a competência exclusiva para deliberar sobre o nome da pessoa que conduzirá a empresa em substituição ao empresário individual. O administrador judicial somente exercerá as funções de gestor enquanto a assembleia não deliberar sobre a escolha deste (art. 65, §1º). Na hipótese de o gestor indicado se recusar ou estiver impedido de aceitar o encargo para gerir os negócios do devedor, o juiz convocará, no prazo de 72 horas, contado da recusa ou da declaração do impedimento nos autos, nova AGC, mantendo-se, até a escolha do novo gestor, o administrador judicial no exercício de suas funções (LREF, art. 65, §2º). Destaca SHEILA CEREZETTI "que essa transferência de funções do gestor para o administrador judicial deve ser, para o bem da lisura do procedimento, por curto prazo"; isso porque "uma das mais relevantes competências do administrador judicial é fiscalizar as atividades do devedor (art. 22, II, "a"')". "Isso significa que durante o período em que o próprio administrador judicial ficar responsável por substituir o devedor as atividades da companhia não estarão sendo supervisionadas pelo principal órgão criado para esse fim. A situação será ainda mais agravada se o comitê de credores, órgão facultativo, não estiver instalado." (CEREZETTI. *A recuperação judicial de sociedade por ações...*, p. 409-410). De qualquer sorte, enquanto exercer dupla função — de administrador judicial e de gestor judicial interino —, o auxiliar do juízo fará jus a uma remuneração condizente com o acúmulo de funções (BERNIER. *Administrador judicial...*, p. 109).

membro de conselho[322]. Como referido, recaindo sobre o liquidante, também é viável a intervenção durante a liquidação da sociedade.

A doutrina admite, inclusive, a intervenção em órgão que não seja de administração, como o Conselho Fiscal ou Conselho Consultivo, com a finalidade de evitar danos à sociedade, à consecução do seu interesse social[323]. Todavia, a intervenção na assembleia de sócios — órgão deliberativo máximo da sociedade — é impensável, exceto para garantir o seu regular funcionamento e para que os sócios possam livremente formar a vontade social.

A jurisprudência reconhece, sem maiores indagações, a possibilidade de as associações[324] e as fundações[325] também serem objeto de intervenção. Igualmente admissível a nomeação de administrador judicial provisório em condomínio[326]. Em verdade, entende-se que tal medida cautelar pode ser utilizada contra quaisquer administradores de bens, sociais ou individuais[327].

Por derradeiro, apesar de ser a sociedade o objeto da intervenção, é evidente que, regra geral, o sujeito que se pretende afastar (*v.g.*, o administrador) também comporá o polo passivo da ação, uma vez que a medida interventiva é acessória, estando ligada a um pedido principal (como eventual ação de responsabilização civil)[328].

---

[322] TJMG, 10ª Câmara Cível, AI 1.0105.06.193057-1/001, Rel. Des. Pereira da Silva, j. 20/03/2007.
[323] SANDOVAL. *Intervención judicial de sociedades comerciales...*, p. 44-47; ROITMAN; AGUIRRE; CHIAVASSA. *Manual de sociedades comerciales...*, p. 338.
[324] TJMG, 8ª Câmara Cível, AI 1.0080.16.002029-5/001, Rel. Des. Paulo Balbino, j. 19/05/2017; TJPR, 5ª Câmara Cível, AI 1487685-4, Rel. Des. Nilson Mizuta, j. 12/07/2016.
[325] TJMG, 15ª Câmara Cível, AI 1.0024.15.169158-1/001, Rel. Des. Edison Feital Leite, j. 27/03/2017.
[326] TJRJ, 13ª Câmara Cível, APC 0079388-85.2016.8.19.0001, Rel. Des. Sirley Abreu Biondi, j. 08/03/2017.
[327] FERREIRA, Pinto. *Medidas cautelares*. 4 ed. Rio de Janeiro: Forense, 1992, p. 222.
[328] PLETI. *Intervenção judicial em sociedade empresária...*, p. 149-150. A respeito da discussão em torno da legitimação passiva e se os administradores deveriam fazer parte da demanda, ver: MELLO. Intervención judicial de sociedades comerciales y acción de remoción de sus administradores o directores..., p. 571-572. Afirmando que os sócios devem fazer parte da relação processual, ver: RODRIGUES FILHO. Suspensão cautelar e afastamento de gerente de sociedade por quotas..., p. 95. Tal posicionamento, no caso de dissolução parcial de sociedade, ganha eco diante da extravagância do regime estabelecido pelo Código de Processo Civil, particularmente o previsto nos arts. 600 e 601.

9. Hipóteses de Cabimento da Medida

A intervenção judicial na administração da sociedade exige a demonstração de justa causa[329].

Não há, todavia, como enumerar, de forma exaustiva, as hipóteses de cabimento da intervenção judicial na administração de sociedade. Isso porque o instituto deve ser utilizado sempre que se demonstrar essencial para a salvaguarda dos interesses dos sócios, da sociedade ou de credores

---

[329] ABRÃO, Nelson. *Sociedade por quotas de responsabilidade limitada*. 7 ed. São Paulo: Saraiva, 2000, p. 127-128. Observe-se que o próprio art. 1.019 do Código Civil exige justa causa. Ainda, na França, por exemplo, tendo em vista que o administrador, por ser o controlador ou contar com o apoio da maioria, dificilmente seria destituído em caso de ilícitos, tem-se que o art. L 223-25, 2ª alínea, do *Code de Commerce*, ao tratar das sociedades limitadas, assim prevê: "En outre, le gérant est révocable par les tribunaux pour cause legitime, à la demande de tout associé." (sendo que a doutrina entende não ser necessário diferenciar *causa legítima* de *justo motivo*, conforme COZIAN; VIANDIER; DEBOISSY. *Droit des sociétés*..., p. 543). E assim, a rigor, andam as legislações de outros países, como a argentina (*Ley 19.550*, art. 113) e a uruguaia (*Ley 16.060*, art. 184). Dessa forma, temos reserva ao entendimento no seguinte caso: TJRJ, 15ª Câmara Cível, AI 2002.002.02124, Rel. Des. Sérgio Lúcio Cruz, j. 13/03/2000. No referido julgado, assim consta do acórdão: "Tem lógica, porém, que, não mais existindo, no caso *sub censura affectio societatis* e sendo o agravante sócio gerente de uma empresa falida, não queira o agravado com ele continuar na sociedade, porque sua condição de falido poderá contaminar sua empresa, trazendo-lhe prejuízos." "Além disso, se, sendo gerente, levou a outra sociedade à falência, justa é a desconfiança acerca da sua competência como administrador, de molde a buscar-se sua substituição." "Tratando-se de ação de dissolução meramente parcial de sociedade, em a qual a empresa continuará a existir, injustificável a nomeação de liquidante judicial, que, findo o processo, teria de devolver a administração para o sócio remanescente, em caso de procedência do pedido, ou para todos os sócios."

que com ela contratam, assim como é admissível para a tutela de outras classes que gravitam em torno da atividade explorada[330].

Ainda mais árdua é a tarefa de classificá-las[331]. Assim, se, de um lado, o objetivo do presente subitem é apresentar de forma ordenada, lógica e resumida uma seleção das situações que podem ensejar a nomeação de um interventor na administração de sociedade, deve-se, por outro, advertir o leitor, desde logo, de que não será apresentada uma classificação estanque, muito menos definitiva.

Isso porque todas as tentativas de se encontrar um critério lógico e seguro para classificar as situações que requerem a intervenção na administração de sociedade esbarraram em dificuldades de várias ordens, haja vista o caráter fluido e multifacetário das hipóteses e, consequentemente, do fato de algumas delas poderem ser enquadradas em mais de um grupo, ou mesmo não se encaixarem adequadamente em nenhum deles.

Ainda, um determinado ato isolado pode não ser suficientemente grave para justificar a intervenção, de modo que a sua referência dentro das hipóteses abaixo elencadas pode se tornar arriscada. Ocorre que, esse mesmo ato, dependendo do contexto em que for praticado, especialmente se conectado com outros que apontam no mesmo sentido, pode gerar uma situação que torna justificável a intervenção — resultando válida a sua menção nas hipóteses de cabimento.

Por isso, as situações abaixo apontadas devem ser examinadas *cum grano salis*, na medida em que ora podem recomendar a adoção da intervenção, ora não, sempre a depender da conjuntura, da coordenação dos fatos entre si e da própria conduta do requerente — que pode influir decisivamente num sentido ou noutro.

Dificilmente um único ato autoriza, por si só, o decreto de intervenção. A experiência evidencia que o contexto subjacente e a prática de uma

---

[330] TJRS, 5ª Câmara Cível, AI 70056511868, Rel. Des. Isabel Dias Almeida, j. 30/10/2013. Na doutrina: VERÓN. *Tratado de los conflictos societarios...*, p. 437.

[331] Sabe-se que as classificações, apesar de desejáveis quando do estudo de certos temas e institutos, podem tornar-se verdadeiramente odiosas e estéreis, sobretudo quando a matéria não se presta a tanto ou quando o critério utilizado é demasiadamente abstrato. O objetivo, aqui, é essencialmente pragmático: como se diz, não há classificações certas ou erradas, e sim úteis ou inúteis.

série de ações em detrimento do interesse social são determinantes para a nomeação do administrador judicial.

Em razão do exposto, serão apresentadas as hipóteses que justificam a intervenção na administração de sociedades dentro de uma lógica segundo a qual a conduta mais grave é aquela que atenta contra a viabilidade do próprio negócio. A partir dessa premissa, segue-se a exposição das situações, sendo que uma pode se ligar à outra por critérios de semelhança ou de proximidade — sempre tendo em mente que, em vários casos, é possível classificar a hipótese em mais de um subgrupo.

9.1. Grave Desinteligência entre os Sócios

O mero desentendimento entre os sócios, por si só, não enseja a adoção de medidas judiciais em face da sociedade ou de seus sócios. "Assevere-se, ainda, que o pleito interventivo não deve ser deferido quando impetrado na condição de instrumento de vindita acionária, ou seja, por mero capricho de sócio que pretende provocar os demais, criando verdadeira balbúrdia."[332]

Todavia, a grave desinteligência que descamba para a quebra do dever de lealdade pode dar ensejo à intervenção judicial[333]. De fato, quando o estado de beligerância existente entre os sócios atinge níveis elevadíssimos, a ponto de ocasionar a paralisia da gerência e criar riscos à continuidade da própria empresa, a nomeação de administrador judicial serve ao propósito de tornar imparcial a administração da sociedade, permanecendo gerida por terceiro com a fiscalização do juízo, até que eventual dissolução parcial ou total seja deliberada pelos sócios ou levada a cabo[334].

---

[332] PLETI. *Intervenção judicial em sociedade empresária...*, p. 147.
[333] GAGGERO. *Intervención judicial de sociedades comerciales...*, p. 52; VERÓN. *Tratado de los conflictos societarios...*, p. 455, 484.
[334] TJMG, 10ª Câmara Cível, AI 1.0702.14.062544-4/001, Rel. Des. Mariangela Meyer, j. 14/03/2016; TJMG, 16ª Câmara Cível, AI 1.0702.14.047066-8/001, Rel. Des. Wagner Wilson, j. 13/11/2014; TJRJ, 4ª Câmara Cível, AI 2004.002.24257, Rel. Des. Sidney Hartung, j. 07/06/2005; TJRS, 7ª Câmara Cível, AI 70053629440, Rel. Des. Sérgio Fernando de Vasconcellos Chaves, j. 08/05/2013; TJRS, 6ª Câmara Cível, AI 70028481885, Rel. Des. Artur Arnildo Ludwig, j. 10/12/2009; TJRS, 6ª Câmara Cível, AI 70025947599, Rel. Des. Artur Arnildo Ludwig, j. 18/12/2008; TJRS, 6ª Câmara Cível, AI 70.012.576.989, Rel. Des. Antônio Corrêa Palmeiro da Fontoura, j. 28/09/2005; TJRS, 6ª Câmara Cível, AI 70009719071, Rel. Des. Artur Arnildo Ludwig, j. 10/11/2004; TJRS, 6ª Câmara Cível, AI 70002599694, Rel. Des. João Pedro Pires Freire, j. 01/08/2001. Na doutrina: PEREIRA. *Medidas urgentes no direito societário...*, p.

Nesse sentido, por exemplo, caso a sociedade se encontre paralisada devido à conduta do(s) sócio(s) que se omite(m) em tomar decisões relevantes por conta da existência de grave desinteligência, vislumbra-se o descumprimento do dever de lealdade (*omissão abusiva*), o que pode dar ensejo à medida interventiva.

De mais a mais, em casos envolvendo a exclusão de sócio que também ocupa o cargo de administrador, se a demora na tomada de quaisquer das medidas de exclusão puder colocar em risco a viabilidade do negócio, pode-se lançar mão da intervenção judicial na administração do ente coletivo — mesmo porque, a princípio, não é consequência natural e automática da perda do *status socii* a destituição do cargo de administrador[335-336].

254; PLETI. *Intervenção judicial em sociedade empresária*..., p. 162-164; MALAGARRIGA. *Tratado elemental de derecho comercial*..., p. 636.

[335] Nesse sentido: TJMG, 11ª Câmara Cível AI 2.0000.00.322472-6/000, Rel. Des. Jurema Brasil Marins, j. 22/11/2000; TJRJ, 15ª Câmara Cível, AI 2002.002.02124, Rel. Des. Sérgio Lúcio Cruz, j. 13/03/2000; TJRJ, 8ª Câmara Cível, AI 2003.002.17987, Rel. Des. Helena Beckor, j. 25/05/2004; TJRS, 5ª Câmara Cível, AI 70045755808, Rel. Des. Isabel Dias Almeida, j. 25/10/2011. Também fazemos referência, de modo exemplificativo, a outro precedente judicial em que se conseguiu, por meio de ação cautelar, o afastamento da administração do sócio-administrador contra quem se promovia a ação judicial de exclusão (TJSP, 2ª Câmara de Direito Privado, Apelação Cível 287.198-4/1-00, Rel. Des. Ariovaldo Santini Teodoro, j. 31/07/2007).

[336] SPINELLI. *Exclusão de sócio por falta grave na sociedade limitada*..., p. 261 ss. Ver, também, sobre a intervenção judicial na administração das sociedades em caso envolvendo exclusão de sócios: BERALDO, Leonardo de Faria. Da exclusão de sócio nas sociedades limitadas. In: ____ (org.). *Direito societário na atualidade*: aspectos polêmicos. Belo Horizonte: Del Rey, 2007, p. 201; NUNES. Intervenção judicial liminar na administração de sociedades..., p. 83-133, p. 88-89; NUNES. Intervenção judicial: a nova Lei do CADE e a dissolução de sociedades..., p. 489-509, p. 492. Nesse contexto, questão que ganha relevo é a dificuldade, muitas vezes, de se promover a ação de exclusão contra o sócio que também ocupa o cargo de administrador – uma vez que, tecnicamente, o mais adequado é que a sociedade seja autora da ação, encontrando-se o excluindo no polo passivo do processo, apesar de o Código de Processo Civil fazer verdadeira miscelânea a respeito do tema nos arts. 600 e 601. Nesse sentido, já tivemos a oportunidade de sustentar que uma das alternativas seria a intervenção judicial na administração da sociedade tanto para a convocação do conclave a deliberar a promoção da ação de exclusão quanto para o próprio ajuizamento da ação (SPINELLI. *Exclusão de sócio por falta grave na sociedade limitada*..., p. 423 ss). Observe-se que, na Argentina, na exclusão judicial, o problema da promoção da ação de responsabilidade já é endereçado pelo art. 91 da *Ley 19.550*, que assim dispõe sobre a questão: "Acción de exclusión. Si la exclusión la decide la sociedad, la acción será ejercida por su representante o por quien los restantes socios designen si la exclusión se refiere a los administradores. En ambos supuestos puede disponerse judicialmente la suspensión provisoria de los derechos del socio cuya exclusión se persigue.

Ainda, para assegurar a preservação da empresa, além das hipóteses

Si la exclusión es ejercida individualmente por uno de los socios, se sustanciará con citación de todos los socios". Em Portugal, o art. 242º, nº 2, do Código das Sociedades Comerciais, ao tratar da exclusão judicial de sócio nas sociedades por quotas, é expresso: "A proposição da acção de exclusão deve ser deliberada pelos sócios, que poderão nomear representantes especiais para esse efeito." (ver: CORDEIRO, António Menezes. *Manual de direito das sociedades*: Das sociedades em especial, v. II. 2 ed. Coimbra: Almedina, 2007, p. 335; CUNHA, Carolina. A exclusão de sócios (em particular, nas sociedades por quotas). In: IDET – Instituto de Direito das Empresas e do Trabalho. *Problemas do direito das sociedades*. Coimbra: Almedina, 2003, p. 203-204). Na Espanha (e ressalvado o caso de exclusão por condenação do sócio--administrador a indenizar a sociedade, bem como os casos de exclusão extrajudicial), a exclusão do(s) sócio(s) com participação igual ou superior a 25% (vinte e cinco por cento) no capital social requererá, além de deliberação da *junta general*, decisão judicial definitiva sempre que o sócio se oponha à deliberação, em ação judicial promovida pela sociedade (legitimação ativa, sendo possível que os sócios que votaram a favor da deliberação de exclusão atuem como *coadyuvantes* no processo). Mas, transcorrido um mês desde a deliberação sobre o afastamento sem que a sociedade tenha ajuizado a ação, qualquer sócio que tenha votado a favor do afastamento poderá promover a demanda em nome da sociedade (como substituto processual) (*Ley de Sociedades de Capital*, art. 352) (CODINA, Joaquim Castañer; COSTA, Vivianna Colomà; PARRAMON, Cristina Roset. *TODO:* sociedades de responsabilidad limitada. Valencia: Kluwer, 2012, p. 1.017 ss; FERNÁNDEZ, Rafael Leña; PÉREZ, Manuel Ángel Rueda. *Derecho de separación y exclusión de socios en la sociedad limitada*. Granada: Comares, 1997, p. 112 ss; SANTAS, Francisco Javier Framiñán. *La exclusión del socio en la sociedad de responsabilidad limitada*. Granada: Comares, 2005, p. 178 ss). Na Itália, o *Codice Civile*, ao regrar o procedimento de exclusão de sócio das sociedades de pessoas, estabeleceu, como regra geral, no art. 2.287, que a exclusão se opera extrajudicialmente. Todavia, é interessante notar que os projetos originais que acabaram por desembocar no *Codice Civile* previam a ação de exclusão de sócio, sendo a ação promovida pela sociedade (representada pelos administradores ou por um procurador especial) após a realização de deliberação social (ACQUAS, Brunello. *L'esclusione del socio nelle società*. Milano: Giuffrè, 2008, p. 10 ss) – muito embora, quando da vigência do Código Comercial de 1882, especialmente no âmbito das sociedades de pessoas, existisse o entendimento de que a exclusão ocorreria de modo judicial (salvo pacto em contrário) e poderia ser promovida por qualquer sócio (DALMARTELLO, Arturo. *L'esclusione dei soci dalle società commerciali*. Padova: CEDAM, 1939, p. 207 ss). Na Alemanha, a promoção da ação judicial pela sociedade se dá após a deliberação social, sendo a sociedade representada pelos administradores e não sendo viável a transferência da competência aos sócios – cumpre referir que existe a possibilidade de escolha de um representante especial, diante de eventual conflito de interesses do administrador (BAUMBACH, Adolf; HUECK, Alfred. *GmbHG*. 20 Aufl. München: C. H. Beck, 2013, p. 766-768; JULA, Rocco. *Der GmbH--Gesellschafter*. 3 Aufl. Berlin: Springer, 2009, p. 343-344; KÜBLER. *Derecho de sociedades...*, p. 161, 401; RAISER, Thomas; VEIL, Rüdiger. *Recht der Kapitalgesellschaften*. 5 Aufl. Mücnhen: Franz Vahlen, 2010, p. 439; SCHMIDT, Karsten. *Gesellschaftsrecht*, B. II. 4 Aufl. Köln: Carl Heymanns, 2002, p. 1.062-1.063, 1.463-1.466; WOLF, Martin. Abberufung und Ausschluß in der Zweimann-GmbH. *Zeitschrift für Unternehmens- und Gesellschaftsrecht*, B. 27, jan. 1998,

de intervenção previstas nos arts. 64 e 65 da LREF, encontram-se precedentes autorizando a nomeação de gestor judicial quando as desavenças entre sócios que almejam a gerência da empresa em recuperação tendem a prejudicar o esforço recuperatório (nos moldes do art. 52, I)[337].

9.2. Atos que Importam em Risco ao Negócio

Ante o princípio da preservação da empresa, a prática de atos pelos administradores que coloquem em risco a continuação do negócio[338] ou que sejam contrários à consecução do interesse social[339] pode ensejar a nomeação de administrador judicial como forma de regularizar a situação e/ou evitar danos[340-341].

---

p. 95 – já no caso das sociedades de pessoas, que não possuem personalidade jurídica, todos os sócios devem fazer parte da demanda).

[337] TJMT, 4ª Câmara de Direito Privado, AI 80172/2011, Rel. Des. Juracy Persiani, j. 18/04/2012. No caso da recuperação judicial da Oi (Processo nº 0203711-65.2016.8.19.0001, 7ª Vara Empresarial da Comarca do Rio de Janeiro/RJ), em decorrência de diversos conflitos, ocorreu a suspensão de direitos de administradores e acionistas, sendo indicado o presidente da companhia como único responsável a encaminhar qualquer questão atinente ao plano de recuperação judicial.

[338] TJMG, 10ª Câmara Cível, AI 1.0702.14.062544-4/001, Rel. Des. Mariangela Meyer, j. 14/03/2016; TJRS, 6ª Câmara Cível, AI 70036268910, Rel. Des. Artur Arnildo Ludwig, j. 29/06/2010. Na doutrina: PRINCIPE. *Il controllo giudiziario nel governo societario...*, p. 128 ss.; LACERDA, Galeno. *Comentários ao Código de Processo Civil*, v. 8, t.l. 2 ed. Rio de Janeiro: Forense, 1981, p. 237-238; SANDOVAL. *Intervención judicial de sociedades comerciales...*, p. 29-30.

[339] TJPR, 12ª Câmara Cível, AI 1360536, Rel. Des. Ivanise Maria Tratz Martins, j. 28.09.2015. Na doutrina: MERLINSKI. *Manual de sociedades comerciales...*, p. 120.

[340] PRINCIPE. *Il controllo giudiziario nel governo societario...*, p. 128 ss.; VERÓN. *Tratado de los conflictos societarios...*, p. 453, 491-492, 514-515; GAGGERO. *Intervención judicial de sociedades comerciales...*, p. 20; ROITMAN; AGUIRRE; CHIAVASSA. *Manual de sociedades comerciales...*, p. 326; MERLINSKI. *Manual de sociedades comerciales...*, p. 120.

[341] Na Argentina, o art. 113 da *Ley General de Sociedades* (Ley 19.550 de 1984) faz menção expressa a tal situação: "ARTICULO 113. — Cuando el o los administradores de la sociedad realicen actos o incurran en omisiones que la pongan en peligro grave, procederá la intervención judicial como medida cautelar con los recaudos establecidos en esta Sección, sin perjuicio de aplicar las normas específicas para los distintos tipos de sociedad". No Uruguai, a *Ley de Sociedades Comerciales* (Ley 16060 de 1989) dispõe no mesmo sentido: "Cuando el o los administradores de la sociedad realicen actos o incurran en omisiones que la pongan en peligro grave (...), procederá la intervención judicial como medida cautelar, con los recaudos establecidos en esta Sección".

Nessa linha, a intervenção pode se demonstrar ainda mais necessária quando a sociedade exerce atividade de inegável interesse social[342], situação em que a nomeação de administrador judicial buscará acautelar os interesses não só da sociedade e dos sócios, mas também dos credores e de todas as outras classes que gravitam em torno da empresa (*stakeholders*)[343].

A constituição de empresa concorrente[344] e o desvio de clientela[345] são típicos exemplos de atos de administradores que colocam em risco o próprio negócio por eles gerido, podendo, portanto, ensejar a intervenção judicial — e, por se tratarem de atos enquadrados como "violação dos deveres dos administradores", serão examinados em item próprio mais abaixo neste capítulo.

Eventuais omissões em que incorram os administradores podem, igualmente, ensejar a intervenção. É o caso da negligência da administração em relação à manutenção da escrituração contábil, à elaboração das demonstrações financeiras ou à realização das assembleias gerais ordinárias.

Por derradeiro, como será examinado a seguir, o estado de beligerância existente entre os sócios e, por ricochete, a impossibilidade de desenvolver normalmente as atividades da empresa, pode justificar a medida interventiva[346].

---

[342] TJSC, 2ª Câmara Cível, AI 2012.076107-1, Rel. Des. Gilberto Gomes de Oliveira, j. 10/07/2014.

[343] TJRS, 5ª Câmara Cível, AI 70065917312, Rel. Des. Isabel Dias Almeida, j. 30/09/2015. Nessa linha, veja-se o precedente que autorizou a intervenção judicial na administração de um hospital, uma vez que, gerido de forma temerária, estava pondo em risco a prestação dos serviços médico-hospitalares à população do Município: TJMG, 8ª Câmara Cível, AI 1.0080.16.002029-5/001, Rel. Des. Paulo Balbino, j. 19/05/2017.

[344] TJRS, 6ª Câmara Cível, AI 70055157986, Rel. Des. Luís Augusto Coelho Braga, j. 12/09/2013; TJRS, 6ª Câmara Cível, AI 70051165777, Rel. Des. Antônio Corrêa Palmeiro da Fontoura, j. 30/04/2013.

[345] TJSC, 1ª Câmara de Direito Comercial, AI 2013.077518-3, Rel. Des. Cláudio Valdyr Helfenstein, j. 28/04/2016. Ver, também: Processo nº 2004.025.000354-0, 2ª Vara Cível da Comarca de Itaperuna, j. 30/01/2004.

[346] TJRS, 7ª Câmara Cível, AI 70053629440, Rel. Des. Sérgio Fernando de Vasconcellos Chaves, j. 08/05/2013; TJRS, 6ª Câmara Cível, AI 70028481885, Rel. Des. Artur Arnildo Ludwig, j. 10/12/2009; TJRS, 6ª Câmara Cível, AI 70002599694, Rel. Des. João Pedro Pires Freire, j. 01/08/2001.

9.3. Prejuízo ao Exercício de Direitos de Sócio

Atos ou omissões da administração que neguem aos sócios o exercício de direitos essenciais previstos na lei ou contratualmente garantidos podem ensejar o decreto de intervenção e a nomeação de administrador judicial[347] — como no caso em que o administrador se nega a prestar contas da sua gestão[348] ou quando o sócio é impedido de exercer direito de fiscalização e de acesso à documentação societária[349].

Também se admite a intervenção em caso de descumprimento de comando judicial que determina a apresentação de demonstrações financeiras periódicas ao sócio[350]. Na mesma linha, a inobservância de ordem judicial de distribuir lucros também pode ensejar a nomeação de interventor judicial (evidentemente se houver lucros para distribuir)[351].

Outra hipótese que igualmente pode ensejar a intervenção na administração de sociedade diz respeito à adoção de práticas/técnicas pelo acionista controlador (ou por administrador por ele nomeado) para oprimir os minoritários, com a finalidade de que se retirem ou vendam suas participações a preços nem sempre justos (como, por exemplo, a não distribuição

---

[347] GAGGERO. *Intervención judicial de sociedades comerciales...*, p. 20 ss.; MERLINSKI. *Manual de sociedades comerciales...*, p. 120-121. No Uruguai, no plano do direito legislado, a *Ley de Sociedades Comerciales* (*Ley 16060* de 1989) dispõe o seguinte: "Cuando el o los administradores de la sociedad realicen actos o incurran en omisiones que (...) o nieguen a los socios o accionistas el ejercicio de derechos esenciales, procederá la intervención judicial como medida cautelar, con los recaudos establecidos en esta Sección)."

[348] TJSC, 5ª Câmara Cível, AI 2013.031386-6, Rel. Des. Sérgio Izidoro Heil, j. 05/09/2013; TJRS, 7ª Câmara Cível, AI 70053629440, Rel. Des. Sérgio Fernando de Vasconcellos Chaves, j. 08/05/2013.

[349] TJSC, 3ª Câmara de Direito Comercial, AI 2013.031268-2, Rel. Des. Tulio Pinheiro, j. 14/08/2014. Na doutrina, ver: PEREIRA. *Medidas urgentes no direito societário...*, p. 225; VERÓN. *Tratado de los conflictos societarios...*, p. 485; PODETTI, J. Ramiro. *Derecho procesal civil comercial y laboral*: tratado de las medidas cautelares, v. IV. Buenos Aires: Ediar, 1956, p. 258-259; MERLINSKI. *Manual de sociedades comerciales...*, p. 120-121.

[350] TJSC, 3ª Câmara de Direito Comercial, AI 2004.009485-0, Rel. Des. Fernando Carioni, j. 09/09/2004.

[351] TJSC, 5ª Câmara Cível, AI 2013.031386-6, Rel. Des. Sérgio Izidoro Heil, j. 05/09/2013.

de dividendos por longos períodos)[352]. É o *squeezeout*, como é conhecido no direito norte-americano[353-354].

Finalmente, a emissão irregular de ações[355] e a negativa de convocar assembleia geral[356] também podem ser causa a determinar a intervenção judicial na administração da sociedade para corrigir a irregularidade, bem como a existência de óbices à transferência de ações[357].

---

[352] JULA. *Der GmbH-Gesellschafter...*, p. 193; AZEVEDO, Alberto Gomes da Rocha. *Dissociação da sociedade mercantil*. São Paulo: Resenha Universitária, 1975, p. 136-138.

[353] CLARK, Robert. *Corporate law*. Boston: Little Brown and Company, 1986, p. 500. Para aprofundamento, ver: O'NEAL, F. Hodge. *O'Neal's oppression of minority shareholders*: protecting minority rights in squeeze-outs and other intracorporate conflicts. 2 ed. Callaghan & Co., 1986.

[354] Lembre-se que, nas sociedades anônimas, outros institutos (de aplicação duvidosa nas sociedades limitadas) são muitas vezes deturpados e utilizados como mecanismos para viabilizar a exclusão de acionistas. Assim, por exemplo, o resgate acionário pode ser utilizado, nas sociedades anônimas fechadas, como instrumento de exclusão de sócios, como já bem lembrou: COMPARATO, Fábio Konder. Funções e disfunções do resgate acionário. *Revista de Direito Mercantil, Industrial, Econômico e Financeiro*, a. 28, n. 73, p. 66-73, jan./mar. 1989. Ainda, o grupamento de ações não raras vezes é empregado como forma de exclusão de acionistas minoritários (e tanto isso é verdade que a Instrução CVM 323, de 19 de janeiro de 2000, dispõe, no art. 1º, XI, que é modalidade de exercício abusivo do poder de controle "a promoção de grupamento de ações que resulte em eliminação de acionistas, sem que lhes seja assegurada, pelo acionista controlador, a faculdade de permanecerem integrando o quadro acionário com, pelo menos, uma unidade nova de capital, caso esses acionistas tenham manifestado tal intenção no prazo estabelecido na assembléia geral que deliberou o grupamento"). Nesse sentido, ver: RIBEIRO, Renato Ventura. *Exclusão de sócios nas sociedades anônimas*. São Paulo: Quartier Latin, 2005, p. 270-271; BENUSSI, Alessandro. Considerazioni in ordine all'estromissione forzosa del socio nelle società di capitali: esclusione e riscatto. In: BENAZZO, Paolo; CERA, Mario; PATRIARCA, Sergio. *Il diritto delle società oggi*: innovazioni e persistenze. Torino: UTET, 2011, p. 61-93, p. 71.

[355] GAGGERO. *Intervención judicial de sociedades comerciales...*, p. 52.

[356] GAGGERO. *Intervención judicial de sociedades comerciales...*, p. 52.

[357] TJRS, 5ª Câmara Cível, MS 590074936, Rel. Des. Ruy Rosado de Aguiar Júnior, j. 20/12/1990.

9.4. Esvaziamento da Sociedade ou Confusão Patrimonial

A confusão patrimonial[358-359], a administração temerária, o desvio de recursos[360], o saque de recursos sem fundamento[361], o desvio de bens[362] ou o simples esvaziamento da sociedade[363] que possa (ou tenha o objetivo de) lesar direito de sócio atual ou desligado (bem como de herdeiro, credor de sócio[364] ou da sociedade, cônjuge ou companheiro) são todos atos de inegável gravidade, podendo levar à nomeação de administrador judicial para fazer cessar a lesão[365-366].

Vale observar que o esvaziamento do patrimônio social pelos sócios remanescentes durante o trâmite da ação judicial (*e.g.*, de dissolução parcial ou mesmo do inventário que envolva sociedade cujas quotas/ações são parte do acervo hereditário), inclusive com a constituição de empresa concorrente no mesmo segmento de atuação — atos visivelmente contrários à lei — constituem estratégia recorrente para dissipar o acervo societário com o escopo de minimizar o valor da participação daquele que se retira

---

[358] TJRS, 5ª Câmara Cível, AI 591110150, Rel. Des. Ruy Rosado de Aguiar Júnior, j. 19/12/1991; TJRS, 2ª Câmara Cível, AI 33443, Rel. Des. José Barison, j. 01/08/1979.

[359] Sobre a confusão patrimonial, ver: SCALZILLI, João Pedro. *Confusão patrimonial no direito societário*. São Paulo: Quartier Latin, 2015.

[360] TJSC, 4ª Câmara Cível, AI 1998.014955-0, Rel. Des. Nelson Schaefer Martins, j. 10/02/2000; TAPR, 6ª Câmara Cível, AI 174.846-5, Rel. Des. Mendes Silva, j. 17/09/2001; TJMG, 9ª Câmara Cível, AI 1.0024.10.240452-2/005, Rel. Des. Luiz Artur Hilário j. 13/11/2012.

[361] TJRJ, 8ª Câmara Cível, AI 2003.002.17987, Rel. Des. Helena Beckor, j. 25/05/2004.

[362] TJRS, 5ª Câmara Cível, AI 70037506946, Rel. Des. Luiz Felipe Brasil Santos, j. 25/08/2010; TJRS, 6ª Câmara Cível, AI 70034109470, Rel. Des. Artur Arnildo Ludwig, j. 15/04/2010.

[363] TJSC, 5ª Câmara Cível, AI 2013.031386-6, Rel. Des. Sérgio Izidoro Heil, j. 05/09/2013; TJSC, 1ª Câmara de Direito Comercial, AI 2013.077518-3, Rel. Des. Cláudio Valdyr Helfenstein, j. 28/04/2016; TJRS, 5ª Câmara Cível, AI 70006027130, Rel. Des. Leo Lima, j. 21/08/2003.

[364] Em caso de penhora de quotas/ações, vide: TJPR, 13ª Câmara Cível, AI 708.784-7, Rel. Des. Gamaliel Seme Scaff, j. 22/06/2011.

[365] TJDF, 5ª Turma Cível, APC 3999496, Rel. Des. Júlio de Oliveira, j. 01/07/1996.

[366] Na doutrina: GAGGERO. *Intervención judicial de sociedades comerciales...*, p. 52; VERÓN. *Tratado de los conflictos societarios...*, p. 488; MERLINSKI. *Manual de sociedades comerciales...*, p. 120; LACERDA. *Comentários ao código de processo civil...*, p. 237-238.

ou mesmo de frustrar o pagamento dos haveres aos herdeiros, cônjuge ou companheiro de sócio falecido[367-368].

Efetivamente, em tais hipóteses, faz-se necessária a "nomeação de interventor para fiscalizar a sociedade enquanto tenha curso a ação de dissolução parcial, evitando que, durante esse interregno, possam os sócios remanescentes malversar os recursos da sociedade, dissipar os bens integrantes do ativo, forjar dívidas inexistentes, alterar a contabilidade, conduzir a sociedade a uma fictícia situação de insolvência, tudo com o escopo de minimizar ao máximo o valor das quotas tituladas pelo dissidente, ou mesmo frustrar o pagamento da importância correspondente ao reembolso do capital do sócio que se afasta da sociedade"[369].

9.5. Irregularidades na Contabilidade

A manutenção de uma escrituração contábil regular e o levantamento de demonstrações financeiras conforme as regras vigentes é obrigação de todos que exploram atividade negocial (CC, art. 1.179; LREF, art. 168, §§2º e 3º).

O objetivo principal da contabilidade é o fornecimento de informação útil para os seus diversos usuários (gestores, controlador, minoritários, investidores, financiadores), capaz de propiciar uma tomada de decisão mais consciente e um melhor acompanhamento dos negócios[370].

Assim, a verificação das situações abaixo listadas pode, por si só, em determinadas circunstâncias, ensejar a nomeação de interventor judicial, uma vez que fazem impossível o conhecimento da real situação dos negócios por parte dos usuários da contabilidade:

---

[367] Na doutrina: FONSECA; PRADO; KIRSCHBAUM; COSTALUNGA. Fraude à meação do cônjuge, dissolução societária e medidas processuais..., p. 313-413, p. 361-363, 368-369.

[368] Na jurisprudência: TJRS, 6ª Câmara Cível, AI 70051165777, Rel. Des. Antônio Corrêa Palmeiro da Fontoura, j. 30/04/2013; TJRS, 6ª Câmara Cível, AI 598271955, Rel. Des. Antonio Janyr Dall'Agnol Junior, j. 21/10/1998; TAPR, 7ª Câmara Cível, AI 71.049-2, Rel. Des. Rosene Arão de Cristo Pereira, j. 07/11/1994; TJRJ, 2ª Câmara Cível, AI 1994.002.00416, Rel. Des. Thiago Ribas Filho, j. 23/06/1994.

[369] FONSECA; PRADO; KIRSCHBAUM; COSTALUNGA. Fraude à meação do cônjuge, dissolução societária e medidas processuais..., p. 313-413, p. 361. Na jurisprudência: TJMG, 11ª Câmara Cível, AI 1.0702.14.047965-1/001, Rel. Des. Alexandre Santiago, j. 24/09/2014; TJRJ, 2ª Câmara Cível AI 1994.002.00416, Rel. Des. Thiago Ribas Filho, j. 23/06/1994.

[370] IUDÍCIBUS, Sérgio de. *Teoria da contabilidade*. São Paulo: Atlas, 2015, p. 3-7.

(i) a identificação de graves irregularidades contábeis, na escrituração dos livros obrigatórios, na elaboração das demonstrações financeiras ou mesmo em caso de não realização de assembleia ordinária para aprovação das contas dos administradores em mais de um exercício, acompanhada de indício de fraude ou irregularidade;

(ii) a simples não realização da escrituração contábil ou o seu atraso injustificado, a ausência de notas explicativas ou de demonstrativos contábeis obrigatórios, a negativa em contabilizar certas operações, a impossibilidade de verificar/estabelecer a veracidade de certos lançamentos e o desconhecimento do paradeiro dos livros, entre outras situações análogas;

(iii) a realização de lançamentos contábeis fraudulentos para prejudicar sócios minoritários (como a exagerada constituição de reservas facultativas ou o registro de perdas sem explicação); e

(iv) a negativa de acesso à contabilidade e a documentação respectiva[371].

A irregularidade da escrituração contábil e o não levantamento das demonstrações financeiras periódicas obrigatórias são importantes indícios da malversação do patrimônio societário e podem apontar para a necessidade de intervenção judicial a fim de salvaguardar os interesses de sócio não administrador[372].

A doutrina chega a reconhecer que problemas na contabilidade constituem um dos fundamentos mais comuns nos pedidos de intervenção[373].

9.6. Paralização ou Irregular Funcionamento dos Órgãos Sociais

Também pode ensejar a nomeação de administrador judicial a inatividade, a inoperância ou o irregular funcionamento de órgãos sociais — assembleia de sócios, conselho de administração, diretoria, conselho fiscal ou qualquer outro órgão técnico com funcionamento previsto no contrato ou no estatuto social —, independentemente da causa[374].

As situações mais comuns vão desde *(i)* a obstrução à realização de assembleia de sócios ou à instalação de conselho fiscal e *(ii)* problemas para a nomeação ou destituição de administradores — especialmente em

---

[371] VERÓN. *Tratado de los conflictos societarios...*, p. 458, 487-488, 492-494, 512.
[372] GAGGERO. *Intervención judicial de sociedades comerciales...*, p. 53.
[373] ROITMAN; AGUIRRE; CHIAVASSA. *Manual de sociedades comerciales...*, p. 337.
[374] GAGGERO. *Intervención judicial de sociedades comerciales...*, p. 53; MERLINSKI. *Manual de sociedades comerciales...*, p. 121.

função dos diferentes e complicados quóruns de nomeação e destituição impostos pelo Código Civil para as sociedades limitadas, que podem gerar problemas de diversas ordens —, até (*iii*) casos de *deadlock* (como nas sociedades com dois sócios em litígio, cada um com 50% de participação, hipótese em que não se consegue deliberar assuntos cruciais para a sobrevivência do negócio)[375].

Em tais casos, é importante que o requerente tenha feito ou consiga demonstrar a impossibilidade de fazer uso dos instrumentos previstos na legislação ou estabelecidos em contrato para solução do impasse ou para a cessação do ato lesivo. Por exemplo, o art. 123 da Lei 6.404/76 determina ser de competência do conselho de administração, se houver, ou dos diretores, observado o disposto no estatuto, convocar a assembleia-geral de acionistas. E o parágrafo único do referido dispositivo legal estabelece um rol de legitimados (acionistas, conselho fiscal) para convocação da assembleia geral em caso de omissão da administração da companhia, desde que preenchidos determinados requisitos. Essas observações de cautela no uso da intervenção se estendem a outras hipóteses de cabimento da intervenção.

9.7. Acefalia ou Vacuidade Administrativa

Dispõe o art. 49 do Código Civil que, "se a administração da pessoa jurídica vier a faltar, o juiz, a requerimento de qualquer interessado, nomear-lhe-á administrador provisório"[376].

Percebe-se, pois, que a nomeação de gestor judicial pode se justificar na hipótese de: (*i*) vacância de todos os postos da administração da pessoa jurídica[377], faltando a administração da pessoa jurídica[378]; (*ii*) quando

---

[375] Sobre essa última hipótese, ver: VERÓN. *Tratado de los conflictos societarios...*, p. 512; FERREIRA. *Soluções contratuais para resolução de impasse...*, p. 35-41.
[376] O art. 253 do Código das Sociedades Comerciais português apresenta regra análoga.
[377] VERÓN. *Tratado de los conflictos societarios...*, p. 482.
[378] Nesse sentido: TJDFT, 6ª Turma Cível, AI 2004.00.2.0003278-7, Rel. Des. Jair Soares, j. 31/05/2004 ("CAUTELAR. LIMINAR. PRESENÇA DOS REQUISITOS. 1 - Vindo a faltar a administração da pessoa jurídica, poderá o juiz, a requerimento do interessado, nomear administrador provisório (Código Civil, art. 49). 2 - Presente o fumus boni iuris e o periculum in mora, a concessão, na cautelar, da liminar é medida que se impõe. 3 - Agravo não provido."). Dessa forma, não pode se justificar a nomeação de administrador provisório, com base no art. 49 do Código Civil, pela existência de divergência entre os sócios: TAMG, 8ª

os administradores não se reúnem para tomar as decisões necessárias à adequada condução dos negócios sociais; ou, ainda, *(iii)* na hipótese de incapacidade física, mental ou moral do administrador que se recusa a deixar a gestão[379] (em razão de demência, dependência química, grave enfermidade)[380] ou de impedimento do administrador por qualquer outra hipótese sem que seja tomada qualquer medida para sua substituição[381],

---

Câmara Cível, APC 2.000.00.439.722-4/000, Rel. Juiz Mauro Soares de Freitas, j. 22/10/2004 ("Ademais, é de se dizer que os fatos narrados na exordial não se configuram como sendo de falta de administração da pessoa jurídica a incidir a norma disciplinada no art. 49 do CC/02. É que a nomeação de que trata o referido artigo é apenas a de caráter emergencial, quando no caso concreto restar demonstrado a inexistência de representante legal. O que não se vê in casu, quando há apenas divergências entre os sócios acerca da melhor política administrativa para a empresa.").

[379] MALAGARRIGA. *Tratado elemental de derecho comercial...*, p. 647.

[380] ROITMAN; AGUIRRE; CHIAVASSA. *Manual de sociedades comerciales...*, p. 330.

[381] "Originariamente cabe à assembléia geral eleger e destituir e também substituir, nas hipóteses de impedimento legal, os membros do Conselho de Administração. Diz, com efeito, o art. 159, §2º, [da Lei 6.404/76] que o administrador contra o qual deve ser proposta a ação de responsabilidade, deliberada em assembléia geral, ficará impedido de exercer o cargo e deverá ser substituído no mesmo conclave." "Ademais, cabe à assembléia geral destituir os conselheiros que se tornarem, no curso do seu mandato, impedidos, por lei especial superveniente, por de conflito de interesses ou vínculo com concorrentes (art. 147, §3º, I e II) ou condenados por crimes capitulados nesse mesmo art. 147, ou, ainda, que tenham sido declarados inabilitados para o exercício dos cargos de administração de companhia aberta por ato da Comissão de Valores Mobiliários." "Também é à assembléia geral que cabe substituir os conselheiros que tiverem sido eleitos por erro, sem atender ao requisito de capacidade, ou cuja capacidade tenha deixado de existir supervenientemente." "Em todas essas hipóteses cabe indagar se poderia ocorrer a nomeação de administrador judicial da companhia, se deixasse a assembléia geral, por negação desses controladores ou por deliberada procrastinação, de destituir o impedido ou, então, mesmo se o fizesse, deixasse de nomear o seu substituto, se assim exigisse o estatuto." "Nessas hipóteses, cabe a intervenção judicial na vida societária, declarando o juiz o impedimento do respectivo titular, suprindo a sentença a vontade não manifestada pela assembléia geral, nomeando-se administrador judicial para a companhia." "Pode-se argüir que os acionistas ou o Conselho Fiscal têm competência para a convocação da assembléia, conforme lhes faculta o art. 123 da lei societária. Essa prerrogativa, no entanto, não logra em si mesma provocar a manifestação da vontade da assembléia, em consonância com a lei e com o estatuto. Isto porque os controladores, mesmo atendendo à convocação, poderão negar-se a proceder à destituição ou à substituição do administrador impedido." (CARVALHOSA, Modesto. *Comentários à Lei de Sociedades Anônimas*, v. 3. 4 ed. São Paulo: Saraiva, 2009, p. 78-79).

casos em que a sociedade restará acéfala[382] ou com sua direção seriamente comprometida[383].

Tal hipótese de intervenção, evidentemente, só é possível quando a regra de regência do tipo societário em questão não resolver, por si só, o problema.

Nesse sentido, lembra-se que a Lei 6.404/76 possui regra que objetiva encaminhar solução à questão (vide art. 150)[384]. Da mesma forma, o art. 1.013 do Código Civil estabelece que, nada dispondo o contrato social, todos os sócios administram a sociedade[385].

Vale registrar que o art. 1.053 do Código Civil prevê a regra de regência supletiva das sociedades limitadas, autorizando que ela se dê pelas normas que regulam as sociedades anônimas desde que o contrato social assim estabeleça[386].

---

[382] SANDOVAL. *Intervención judicial de sociedades comerciales...*, p. 151; MERLINSKI. *Manual de sociedades comerciales...*, p. 121.

[383] No Uruguai, no plano do direito legislado, a *Ley de Sociedades Comerciales* (*Ley 16060* de 1989) dispõe o seguinte: "Cuando el o los administradores de la sociedad realicen actos o incurran en omisiones que la pongan em peligro grave (...), procederá la intervención judicial (...). También será admisible cuando por cualquier causa no actúen los órganos sociales o cuando actuando, no sea posible adoptar resoluciones válidas afectándose el desarrollo de la actividad social".

[384] "Art. 150. No caso de vacância do cargo de conselheiro, salvo disposição em contrário do estatuto, o substituto será nomeado pelos conselheiros remanescentes e servirá até a primeira assembléia-geral. Se ocorrer vacância da maioria dos cargos, a assembléia-geral será convocada para proceder a nova eleição. §1º No caso de vacância de todos os cargos do conselho de administração, compete à diretoria convocar a assembléia-geral. §2º No caso de vacância de todos os cargos da diretoria, se a companhia não tiver conselho de administração, compete ao conselho fiscal, se em funcionamento, ou a qualquer acionista, convocar a assembléia-geral, devendo o representante de maior número de ações praticar, até a realização da assembléia, os atos urgentes de administração da companhia. §3º O substituto eleito para preencher cargo vago completará o prazo de gestão do substituído. §4º O prazo de gestão do conselho de administração ou da diretoria se estende até a investidura dos novos administradores eleitos".

[385] "Art. 1.013. A administração da sociedade, nada dispondo o contrato social, compete separadamente a cada um dos sócios. §1º Se a administração competir separadamente a vários administradores, cada um pode impugnar operação pretendida por outro, cabendo a decisão aos sócios, por maioria de votos. §2º Responde por perdas e danos perante a sociedade o administrador que realizar operações, sabendo ou devendo saber que estava agindo em desacordo com a maioria."

[386] "Art. 1.053. A sociedade limitada rege-se, nas omissões deste Capítulo, pelas normas da sociedade simples. Parágrafo único. O contrato social poderá prever a regência supletiva da sociedade limitada pelas normas da sociedade anônima."

9.8. Delegação Irregular da Gestão

Embora seja uma situação atípica, a jurisprudência já admitiu a nomeação de interventor para salvaguardar o interesse dos sócios minoritários quando verificada a delegação da própria gestão/administração da sociedade, o que é vedado pelo artigo 1.018 do Código Civil[387].

A hipótese se concretiza, por exemplo, quando o administrador nomeado confere por mandato poderes gerais e irrestritos a terceira pessoa para que administre o negócio.

9.9. Incertezas Acerca da Titularidade do Controle Societário

Se, em uma sociedade, se discute a titularidade de um alto percentual de ações ou quotas, com reflexos negativos à consecução do seu interesse social, a nomeação de um administrador judicial pode constituir uma alternativa viável para o caso, garantindo uma gestão realizada por um terceiro alheio aos interesses controvertidos, até que se decida em definitivo a quem cabe o controle societário[388].

Essa situação pode emergir tanto em um contexto de sucessão hereditária quanto em discussões sobre o cumprimento de contratos de compra e venda de participações societárias[389]. Pode ocorrer, ainda, em caso de conflito de interesses para o exercício do direito de voto em deliberação assemblear que seja essencial para o desenvolvimento da sociedade.

9.10. Embaraço à Liquidação de Participação Societária na Apuração de Haveres

De início, importante destacar novamente que a figura do administrador judicial liquidante não se confunde com a do perito avaliador — embora as figuras possam estar, eventualmente, reunidas na mesma pessoa. Vale lembrar: o segundo é o responsável pela avaliação da participação socie-

---

[387] TJMG, 18ª Câmara Cível, AI 1.0696.13.004448-5/001, Rel. Des. João Cancio, j. 07/10/2014.
[388] VERÓN. *Tratado de los conflictos societarios...*, p. 490.
[389] VERÓN. *Tratado de los conflictos societarios...*, p. 490-491.

tária (apuração dos haveres propriamente dita), enquanto o primeiro viabiliza o trabalho de avaliação e de liquidação[390-391].

Assim, em caso de recalcitrância por parte de sócios e administradores em levar a cabo ordem judicial de liquidação de participação societária (quotas/ações), demonstrando nítido intuito procrastinatório ao andamento da demanda e impossibilitando a apuração dos haveres de sócio desligado ou herdeiro, é viável a nomeação de administrador com poderes para proceder à verificação física e contábil dos elementos patrimoniais da empresa, a fim de determinar o crédito daqueles[392].

Nesses casos, o decreto de intervenção consiste em medida que não só visa a entregar o bem da vida ao titular do direito subjetivo (direito de crédito contra a sociedade), como também a entregá-lo em prazo aceitável, atendendo ao princípio da duração razoável do processo (CF, art. 5º, LXXVIII; CPC, art. 4º).

Na mesma linha, quando a dissolução da sociedade demonstrar elevado grau de belicosidade entre os sócios a ponto de ser possível antever graves dificuldades na fase de apuração dos haveres, é possível a nomeação ou a manutenção de administrador judicial para o cumprimento da

---

[390] "Liquidação de quota é termo mais abrangente que apuração de haveres: enquanto esta limita-se à determinação do valor da participação, a liquidação tem por fim transformar os direitos patrimoniais abstratos de sócio em prestação pecuniária exigível. Ela se estende aos atos necessários à conversão da quota do liquidanda em dinheiro para pagamento ao sócio ou, se for o caso, a seus sucessores *mortis causa*, sendo a apuração de haveres uma de suas fases." (GONÇALVES NETO. *Direito de empresa*: comentários aos artigos 966 a 1.195 do Código Civil..., p. 251).

[391] A figura em questão também não se confunde com a do liquidante na dissolução total, de que tratam os artigos 1.036, 1.038, 1.071, VII, 1.102 e seguintes do Código Civil e artigos 122, VIII, 208 e seguintes da Lei das S.A., como, aliás, já foi referido linhas atrás. Ao liquidante na dissolução total cumpre realizar o *acertamento patrimonial* da pessoa jurídica — receber créditos, alienar bens, quitar as obrigações, ratear o acervo, etc. —, de modo a liquidar as pendências sociais antes da extinção da pessoa jurídica (derradeira etapa do procedimento de dissolução total em sentido lato, cujo último ato é a baixa do registro na Junta Comercial). Por outro lado, ao liquidante de quotas/ações cabe praticar todos os atos que possibilitem quantificação do valor da participação societária do sócio que se desliga da sociedade. Assim e em resumo, esta última figura está associada à dissolução parcial, enquanto aquela primeira está ligada à dissolução total.

[392] TJPE, 5ª Câmara Cível, AI 0407184-7, Rel. Des. Des. José Fernandes de Lemos, j. 17/03/2017; TJRS, 18ª Câmara Cível, AI 70047553664, Rel. Des. Pedro Celso Dal Pra, j. 29/03/2012; TJRS, 7ª Câmara Cível, AI 70047266028, Rel. Des. Sérgio Fernando de Vasconcellos Chaves, j. 14/03/2012.

liquidação parcial[393], inclusive no caso de sociedades cujas quotas/ações são objeto de inventário[394].

9.11 Embaraço à Liquidação de Participação Societária na Penhora de Quotas

Na hipótese de penhora de participação societária (quotas ou ações), a intervenção do administrador judicial pode se revelar por duas formas: (*i*) como mero fiscal do juízo, acompanhando a gestão durante a liquidação para evitar a dilapidação do patrimônio da sociedade[395]; ou (*ii*) para levar a cabo a própria liquidação.

O escopo é, por óbvio, garantir a efetividade do processo[396], preservando-se o valor da participação para futura transformação em pecúnia[397] — sendo que a diferenciação entre o trabalho do administrador judicial interventor e do perito segue a mesma linha do exposto no item anterior.

A propósito, vale registrar que a doutrina já se manifestou no sentido de que essas intervenções deverão ser decretadas sempre que o direito de crédito for colocado em risco, especialmente — mas não exclusivamente — em razão de administração que se apresente ruinosa ou fraudulenta[398].

Verifica-se que o Código de Processo Civil atualmente prevê a nomeação de interventor liquidante por ocasião da penhora de quotas ou ações a fim de levar a cabo a sua liquidação (CPC, art. 861, §3º).

---

[393] TJRS, 6ª Câmara Cível, ED 70045143906, Rel. Des. Artur Arnildo Ludwig, j. 24/11/2011.
[394] TJRS, 7ª Câmara Cível, AI 70047266028, Rel. Des. Sérgio Fernando de Vasconcellos Chaves, j. 14/03/2012.
[395] TJPR, 13ª Câmara Cível, AI 708.784-7, Rel. Des. Gamaliel Seme Scaff, j. 22/06/2011.
[396] TJPR, 13ª Câmara Cível, AI 708.784-7, Rel. Des. Gamaliel Seme Scaff, j. 22/06/2011.
[397] TJSC, 2ª Câmara de Direito Comercial, AI 2005.024142-9, Rel. Des. Ronaldo Moritz Martins da Silva, j. 24/08/2006 ("Agravo de instrumento. Ação de nulidade c/c reivindicação de bens e perdas e danos. Execução de sentença. Penhora de cotas sociais pertencentes a uma das executadas. Nomeação de administrador judicial como depositário. Poderes a ele conferidos. Necessidade de limitação, de acordo com a natureza acautelatória da providência. Escopo de preservação do valor da participação societária para futura transformação em pecúnia. Impossibilidade de interferência exacerbada na condução dos interesses societários. Determinação para depósito judicial dos aluguéis dos imóveis pertencentes à sociedade. Restrição da abrangência da medida. Preservação, em conta vinculada ao Juízo, apenas de cifra proporcional ao percentual da sócia devedora no capital social. Possibilidade de levantamento, pela empresa, da quantia restante. Recurso provido, em parte.").
[398] PEREIRA. *Medidas urgentes no direito societário...*, p. 233.

9.12. Violação dos Deveres por Parte de Administradores

Os administradores devem (*i*) explorar a atividade prevista no objeto social, visando, dentro desse limite preestabelecido, a atingir os objetivos da sociedade, quais sejam, (*ii*) buscar a obtenção de lucro e (*iii*) a sua posterior distribuição para os sócios — como consta do art. 981 do Código Civil e do art. 2º da Lei das S.A.[399]

Apesar da aparente clareza dos objetivos, a atuação dos administradores não possui um conteúdo totalmente determinado — haja vista ser impossível prever as múltiplas situações que diante deles se colocam e o comportamento adequado para cada uma delas —, podendo-se esperar apenas que trabalhem árdua e honestamente na busca pela maximização da riqueza da sociedade[400]. Nessa linha, os deveres fiduciários de diligência e lealdade funcionam como balizadores de comportamento[401].

---

[399] Sobre o interesse social ("razão de ser", objetivo das sociedades) e as múltiplas polêmicas em torno do assunto, ver, fundamentalmente: RATHENAU, Walther. *Do sistema acionário – uma análise negocial*. Trad. e introdução de Nilson Lautenschleger Jr. Reprodução do texto clássico. *Revista de Direito Mercantil, Industrial, Econômico e Financeiro*, a. 41, n. 128, p. 199-223, out./dez. 2002; JAEGER, Pier Giusto. *L'interesse sociale*. Milano: Giuffrè, 1972; JAEGER, Pier Giusto. Interesse sociale rivisitato (quarant' anni dopo). *Giurisprudenza Commerciale*, n. 1, p. 795-812, 2000; BERLE, Adolf A. Corporate powers as powers in trust. *Harvard Law Review*, v. 44, p. 1.049-1.079, 1931; DODD JR., Merrick E. For whom are corporate managers trustees? *Harvard Law Review*, v. 45, p. 1.145-1.163, 1932; HANSMANN, Henry; KRAAKMAN, Reinier. The end of History for corporate law. *Georgetown Law Journal*, Washington, n. 89, p. 439-468, jan. 2001; CLARK. *Corporate law*..., p. 20, 675-681, 702; EASTERBROOK, Frank H.; FISCHEL, Daniel R. *The economic structure of corporate law*. Cambridge: Harvard University Press, 1996; COMPARATO; SALOMÃO FILHO. *O poder de controle na sociedade anônima*...; LEÃES, Luiz Gastão Paes de Barros. *Comentários à Lei das Sociedades Anônimas*, v. 2. São Paulo: Saraiva, 1980, p. 248; BULGARELLI, Waldirio. *Regime jurídico da proteção às minorias*. Rio de Janeiro: Renovar, 1988, p. 70-74; FRANÇA. *Conflito de interesses nas assembléias de S.A.*..., p. 21-63; MUNHOZ, Eduardo Secchi. *Empresa contemporânea e direito societário*: poder de controle e grupos de sociedade. São Paulo: Juarez de Oliveira, 2002, p. 36-60; SALOMÃO FILHO, Calixto. Interesse social: a nova concepção. In: ____. *O novo direito societário*. 4 ed. rev. e ampl. São Paulo: Malheiros, 2011, p. 27-51; SZTERLING, Fernando. *A função social da empresa no direito societário*. Dissertação (Mestrado em Direito). Faculdade de Direito da Universidade de São Paulo, São Paulo, 2003.

[400] EASTERBROOK; FISCHEL. *The economic structure of corporate law*..., p. 91.

[401] PARGENDLER, Mariana. Modes of gap filling: good faith and fiduciary duties reconsidered. *Tulane Law Review*, v. 82, 2008, p. 6.

A violação de deveres por parte dos administradores é tradicionalmente corrigida com a sua destituição dos cargos que ocupam pela assembleia de sócios e com propositura da respectiva ação de responsabilidade[402].

Todavia, em algumas hipóteses, administradores violam seus deveres sem que lhes sejam impostas sanções e sem que seus atos sejam corrigidos/revistos pelos órgãos sociais.

Essas situações usualmente se explicam porque os administradores, além de participarem da gerência social, ou contam com o apoio do controlador ou possuem a qualidade de sócio controlador, com participação societária suficiente para garantir um domínio quase absoluto sobre os centros decisórios da sociedade e para lhe permitir barrar qualquer medida por parte dos demais acionistas. Situações como essa podem, ainda, caracterizar evidente forma de extração de benefícios privados do poder de controle[403].

---

[402] Sobre os mais diversos aspectos da ação de responsabilidade contra administradores, ver, por todos: ADAMEK. *Responsabilidade civil dos administradores de S/A (e as ações correlatas)...*

[403] Sobre os mais diversos aspectos do poder de controle no direito societário e as formas de seu abuso, ver: CHAMPAUD, Claude. *Le pouvoir de concentracion de société par action*. Paris: Sirey, 1962; COMPARATO; SALOMÃO FILHO. *O poder de controle na sociedade anônima...*; GUERREIRO, José Alexandre Tavares. Sociedade anônima: poder e dominação. *Revista de Direito Mercantil, Industrial, Econômico e Financeiro*, a. 23, n. 53, p. 73-80, jan./mar. 1984; GUERREIRO. Sociologia do poder na sociedade anônima..., p. 50-56. Ainda: EIZIRIK, Nelson. O mito do "controle gerencial" – alguns dados empíricos. *Revista de Direito Mercantil, Industrial, Econômico e Financeiro*, a. 23, n. 66, p. 103-106, abr./jun. 1987; MACEDO, Ricardo Ferreira de. *Controle não societário*. Rio de Janeiro: Renovar, 2004. Finalmente, para uma visão geral, ver: BERLE, Adolf A.; MEANS, Gardiner. *A moderna sociedade anônima e a propriedade privada*. Trad. de Dinah de Abreu Azevedo. São Paulo: Abril Cultural, 1984; LA PORTA, Rafael; LOPEZ DE SILANES, Florencio; SHLEIFER, Andrei. *Corporate ownership around the world*. Harvard Institute of Economic Research Paper No. 1840, 1998. Disponível em <http://ddrn.com/abstract=103130>, p. 19. Acesso em: 20 fev. 2008; ROE, Mark J.; BEBCHUK, Lucian, A theory of path dependence in corporate ownership and governance, 52 *Stanford Law Review* 127 (1999); DYCK, Alexander; ZINGALES, Luigi. *Private benefits* of control: an international comparison. *The Journal of Finance*, v. 59, n. 2, p. 537-600, 2004; NENOVA, Tatiana. The value of corporate votes and control benefits: a cross-country analysis. *Journal of Financial Economics*, v. 68, pg. 325-351, 2001; GORGA, Érica, Changing the paradigm of stock ownership from concentrated towards dispersed ownership? Evidence from Brazil and consequences for emerging countries, *Cornell Law Faculty Working Papers, paper 42*, 2008. Disponível em: <http//ssrn.com/abstract=1120137>. Acesso em: 20 fev. 2008. GILSON, Ronald J. Controlling shareholders and corporate governance: complicating the comparative taxonomy (August 2005); *Stanford Law and Economics Olin Working Paper No. 309*. Disponível em: <http://ssrn.com/abstract=784744>. Acesso em: 20 fev. 2008.

Além disso, o ajuizamento de ação social *ut singuli* (por substituição processual originária) ou ação social derivada (LSA, art. 159, §4º) não acarreta, por si só, de acordo com o entendimento majoritário da doutrina, a destituição do administrador. Portanto, não existe, na hipótese, impedimento formal[404].

Isso tudo sem contar a real ineficiência das ações de responsabilidade civil contra os administradores — inclusive por conta dos expedientes muitas vezes usados pelos controladores —, sendo, normalmente, remédio de pouca utilidade prática[405].

Nessas hipóteses, a intervenção judicial na administração da sociedade pode ser medida eficaz para proteger os interesses sociais até que se consiga corrigir o abuso por meio de uma medida principal, como a ação de responsabilidade, entre outras[406]. A doutrina e a jurisprudência, respeitadas as particularidades e especificidades do caso concreto, entendem possível, por meio de medida urgente, afastar o administrador nessa circunstância de grave abuso[407].

---

[404] Na doutrina: ADAMEK. *Responsabilidade civil dos administradores de S/A e as ações correlatas...*, p. 376-380; EIZIRIK, Nelson. Inexistência de impedimento do administrador na ação social "ut singuli". *Revista de Direito Mercantil Industrial, Econômico e Financeiro*, São Paulo, v. 29, n. 80, p. 32-38, out./dez. 1990; CARVALHOSA, Modesto. Responsabilidade civil de administradores e de acionistas controladores perante a Lei das S/A. *Revista dos Tribunais*, São Paulo, a. 83, v. 699, jan. 1994, p. 41. Na jurisprudência: TJSP, 10ª Câmara de Direito Privado, AI 174.174-4, Rel. Des. Ruy Camilo, j. 13/02/2001. Em sentido contrário: GUERREIRO, José Alexandre Tavares. Impedimento de administrador em ação social "ut singuli". *Revista de Direito Mercantil Industrial, Econômico e Financeiro*, São Paulo, v. 19, n. 46, p. 23-28, abr./jun. 1982; FRANCO, Vera Helena de Mello; SZTAJN, Rachel. *Manual de direito comercial*, v. 2. São Paulo: Revista dos Tribunais, 2005, p. 208-209.

[405] SPINELLI, Luis Felipe. *Conflito de interesses na administração da sociedade anônima*. São Paulo: Malheiros, 2012, p. 290-291. Ver, também: LEÃES, Luiz Gastão Paes de Barros. Ação social derivada de responsabilidade civil dos administradores. *Revista de Direito Mercantil, Industrial, Econômico e Financeiro*, n. 112, p. 127-135, out./dez. 1998.

[406] Não se desconhece a possibilidade de a própria minoria praticar abusos, situação peculiar que foi objeto de profunda análise em: ADAMEK. *Abuso de minoria em direito societário...*

[407] ADAMEK. *Responsabilidade civil dos administradores de S/A e as ações correlatas...*, p. 379. Ver, também: PLETI. *Intervenção judicial em sociedade empresária...*, p. 157 ss; RODRIGUES FILHO. Suspensão cautelar e afastamento de gerente de sociedade por quotas... Na jurisprudência: TJSP, 3ª Câmara Cível, MS 162.769, Rel. Des. Lafayette Salles, j. 28/09/1967; TJSC, 2ª Câmara Cível, AI 5.399, Rel. Des. Rubem Córdova, j. 12/06/1990; TJSC, 4ª Câmara Cível, AI 7.551, Rel. Des. Anselmo Cerello, j. 03/06/1993. Alternativamente, admitiu-se, por meio de cautelar inominada, a nomeação de cogestor para fiscalizar os negócios da companhia: TJRS, 1ª Câma-

Ademais, não se pode esquecer que existem casos em que a remoção do administrador deve ocorrer judicialmente, como previsto no art. 1.019 do Código Civil, situação na qual, então, o afastamento liminar do gestor pode ser medida importante[408].

Esse entendimento deve ser examinado com prudência: uma vez constatados e comprovados atos ou omissões que, em violação aos deveres que incidem sobre os administradores, ponham em perigo a sociedade e acarretem (ou possam acarretar) graves prejuízos ao ente coletivo, e não sendo possível a adoção de outras medidas internas para sanar o problema (ou já se tendo tomado, sem êxito, tais medidas), pode-se considerar um regime de intervenção judicial para a administração da sociedade[409].

Nesse sentido, GALENO LACERDA assim assevera: "Pela sua importância, a suspensão cautelar de diretor ou administrador merece destaque à parte. Trata-se de medida também cabível, sempre que a diretoria, ou determinado diretor ou administrador, locupletar-se com os bens sociais, dissipá-los, aliená-los fraudulentamente, negligenciar de maneira grave seus deveres em prejuízo da sociedade, ou usurpar funções mediante eleição ilegal"[410].

Dessa forma, entende-se que na rubrica "violação dos deveres por parte de administradores" se enquadram vários tipos de atos ou condutas, entre elas: (*i*) a convocação irregular de assembleias; (*ii*) a falsificação de documentos[411]; (*iii*) a participação dos diretores em votação sobre assuntos ine-

---

ra Cível, AI 585.018.450, Rel. Des. Túlio Medina Martins, j. 11/06/1985. Vislumbrando com reservas a intervenção para a promoção de ação de responsabilidade dos administradores, ver: MELLO. Intervención judicial de sociedades comerciales y acción de remoción de sus administradores o directores...., p. 599.

[408] Sobre o tema, tratando da questão nas sociedades em que é possível a remoção judicial em contrapartida àquelas em que a matéria é de competência privativa dos sócios e, então, não caberia ação de remoção judicial do administrador, ver: MELLO. Intervención judicial de sociedades comerciales y acción de remoción de sus administradores o directores...., p. 581 ss.

[409] Neste sentido: VERÓN. *Tratado de los conflictos societários...*, p. 447-448; VILLEGAS, Carlos Gilberto. *Derecho de las sociedades comerciales*. 9 ed. Buenos Aires: Abeledo-Perrot, 2001, p. 171-172.

[410] LACERDA. *Comentários ao Código de Processo Civil...*, p. 169.

[411] Há precedente que, em função da gravidade da irregularidade, afastou administrador e nomeou interventor quando ficou comprovado que aquele falsificou assinatura de sócio alguns dias antes de seu falecimento em cessão de quotas encaminhada à Junta Comercial. Assim: TJSC, 5ª Câmara de Direito Comercial, AI 2014.074395-2, Rel. Des. Guilherme Nunes Born, j. 24/09/2015.

rentes à sua gestão — matérias que, portanto, não podem ser votadas por eles em razão de conflito de interesses; *(iv)* a administração temerária; *(v)* o desvio de recursos[412]; *(vi)* a usurpação de oportunidades comerciais da sociedade e o desvio de negócios; *(vii)* a utilização de informação privilegiada em proveito próprio e em detrimento da sociedade; *(viii)* a negativa em convocar assembleia geral requerida pelos sócios para eleger novos administradores; *(ix)* o desvio de recursos; *(x)* a simulação de pagamentos; *(xi)* demissões arbitrárias de funcionários[413], entre tantas outras[414].

[412] TJSC, 4ª Câmara Cível, AI 1998.014955-0, Rel. Des. Nelson Schaefer Martins, j. 10/02/2000; TAPR, 6ª Câmara Cível, AI 174.846-5, Rel. Des. Mendes Silva, j. 17/09/2001; TJMG, 9ª Câmara Cível, AI 1.0024.10.240452-2/005, Rel. Des. Luiz Artur Hilário, j. 13/11/2012; TJRJ, 8ª Câmara Cível, AI 2003.002.17987, Rel. Des. Helena Beckor, j. 25/05/2004.

[413] *V.g.*: TAMG, 11ª Câmara Cível AI 2.0000.00.322472-6/000, Rel. Des. Jurema Brasil Marins, j. 22/11/2000.

[414] Nesse sentido, clássica também é a discussão em torno das medidas a serem tomadas na hipótese de resistência dos administradores deixarem o cargo, mantendo a posse dos livros, do arquivo e dos bens da sociedade, permanecendo na direção social. Isso porque o que se espera é que os administradores destituídos deixem a administração com celeridade, sendo verdadeira violência caso permaneçam, o que motiva a intervenção do Poder Judiciário (ESTRELLA, Hernani. Sociedade Anônima – Ação possessória contra administradores destituídos – Medida exercitável pela sociedade em lugar da imissão de posse por parte dos novos diretores – problemas. *Revista de Direito Mercantil, Industrial, Econômico e Financeiro*, a. XIII, n. 13, p. 11-29, 1974, p. 22-23). Tal questão foi objeto do parecer exarado por PHILOMENO J. DA COSTA (COSTA. Intervenção judicial imediata na vida interna social (parecer)...). CARVALHO DE MENDONÇA, apesar de ser contrário à intervenção judicial, assim se manifestou a respeito do tema, referindo precedentes: "Se, destituídos pela assembléa geral, os ex-administradores se mantêm nos cargos e não entregam os liros, bens e ativo da sociedade aos sucessores, qual o recurso legal?" "Aos novos administradores é lícito reclamar a intervenção judicial. O juiz, para segurança e manutenção do direito dos administradores, pode, a requerimento destes e depois de bem informado, expedir administrativamente mandado para a apreensão judicial dos bens, livros e papéis. Não se pode negar ao juiz o direito de apreciar *si et in quantum* a legalidade do ato da assembléa e do procedimento dos ex-administradores." "Trata-se de processo simplesmente conservatório de direitos. Da decisão do juiz cabe o recurso de agravo com fundamento em dano irreparável." (CARVALHO DE MENDONÇA. *Tratado de direito comercial brasileiro*, v. IV..., p. 52-53). CARVALHO DE MENDONÇA faz referência, em notas de rodapé, a parecer exarado por FERREIRA VIANNA, que assim leciona: "Sem duvida que a directoria eleita em substituição da destituida não só tem o direito como lhe corre-lhe o dever de fazer effectivas as deliberações da assembléa geral, recorrendo ao braço do juiz do commercio, para remover qualquer embaraço ou resistencia, que não possa por si remover ou vencer. A recusa de entregar o archivo social pela directoria destituida é um embaraço á execução do que foi resolvido e á nova administração; e o meio prompto de removê-lo é a apprehensão, como de uma cousa que está em mão de outrem contra a vontade de seu dono."

Nesse sentido, ainda, ao prever a intervenção judicial, a LREF estabelece, no seu art. 64, a possibilidade de o devedor e seus administradores serem afastados da condução da empresa se qualquer deles: (*i*) houver sido condenado em sentença penal transitada em julgado por crime cometido em recuperação judicial ou falência anteriores ou por crime contra o patrimônio, a economia popular ou a ordem econômica previstos na legislação

"O juiz não se póde esquivar de prestar sua intervenção, desde que a nova directoria a requeira com a acta de sua nomeação. Ella representa a sociedade, e é della o poder executivo, como a assembléia geral é o poder legislativo, sem outro limite que o declarando no art. 63 do Reg. n. 8.821. Revogaveis como são os administradores á vontade da assembléia geral, não cabe aos destituidos recurso algum do acto de sua destituição, que prevalece sobre todas as allegações, ainda de defeito de nullidade, até que por soberano julgado em ação ordinaria seja annullado. O intuito da lei foi de excluir a intervenção da justiça na gerencia das sociedades anonymas. Poderia o juiz, antes de expedir o mandado de apprehensão, ouvir a parte recusante, sem que por isso estabelecesse contenda judicial, ou transformasse a diligencia em processo contencioso, para o qual faltaria fundamento, isto é, o direito de oppôr-se ás deliberações soberanas da assembléia geral e reter o archivo social. Tão pouco a apprehensão dá lugar á aggravo, pela razão peremptoria que o agravo pressupõe uma acção, que se finda por uma sentença definitiva. Demais, admittido, por hypothese, o aggravo, qual seria o resultado? Negar a apprehensão: seria tornar illusoria a deliberação da assembléia geral no que é de sua privativa e soberana competência. Conhecer da legalidade ou nullidade do acto da assembléia geral, seria conculcar a lei, que determinou para o caso a acção ordinaria. Se tal doutrina pudesse vingar, cahiria por terra a soberania da assembléia e que a lei quiz garantir e o juiz se arvoraria em real arbitro ou supremo director das companhias anonymas." "Decididamente, a apprehensão no caso da consulta, não se comprehende no contencioso judiciário. Rio, 28 de Julho de 1892." (VIANNA, Ferreira. *Jornal do Commercio*, 10 ago. 1892, p. 4. Disponível em: <http://memoria.bn.br/DocReader/DocReader.aspx?bib=364568_08>. Acesso em: 26 ago. 2018. Igualmente, ver: VAMPRÉ. *Tratado elementar de direito commercial*, v. II..., p. 280. Hernani Estrella, por sua vez, apresenta extenso apanhado das mais diversas discussões a respeito, (*i*) referindo que, inicialmente, entendia-se pela busca e apreensão, usualmente a ser promovida pelos novos administradores, (*ii*) mas que houve mudança de posicionamento de Spencer Vampré, de que em vez da busca e apreensão promovida pelos novos administradores, caberia, na verdade, a reintegração de posse a ser ajuizada pela sociedade, (*iii*) bem como o posicionamento de Noé Azevedo, de que seria preciso buscar algum outro meio mais adequado e não tão agressivo para a solução de tais questões, que seria uma ação de rito ordinário; finalmente, sustenta o comercialista gaúcho que o que cabe é a imissão na posse por parte dos novos administradores, caso sejam impedidos de entrarem no exercício efetivo das funções, ou a reintegração de posse a ser promovida pela sociedade, em caso de proteção de seus bens (ESTRELLA. Sociedade Anônima...). Analogamente, é possível pensar em medida na hipótese de existir impedimento a que o administrador continue no cargo mas se recusa a entrega-lo. Ver: MELLO. Intervención judicial de sociedades comerciales y acción de remoción de sus administradores o directores...., p. 595-596.

vigente; (*ii*) houver indícios veementes de ter cometido crime previsto na LREF; (*iii*) houver agido com dolo, simulação ou fraude contra os interesses de seus credores; (*iv*) houver praticado qualquer das condutas graves elencadas no art. 64, IV, da LREF[415]; (*v*) negar-se a prestar informações solicitadas pelo administrador judicial ou pelos demais membros do Comitê; ou (*vi*) tiver seu afastamento previsto no plano de recuperação judicial.

De uma maneira geral, as hipóteses elencadas cuidam de suspeita ou do efetivo cometimento de crimes previstos na LREF ou, ainda, da prática de condutas fraudulentas ou prejudiciais aos credores, podendo-se acrescer a essas hipóteses a destituição com base na recusa do devedor ou dos administradores em apresentar as contas demonstrativas mensais enquanto perdurar a recuperação judicial (LREF, art. 52, IV). Verificada qualquer das situações mencionadas, o juiz destituirá o administrador, que será substituído na forma prevista nos atos constitutivos do devedor ou do plano de recuperação judicial (LREF, art. 64, parágrafo único).

9.13. Descumprimento de Ordem Judicial

Quando a administração da sociedade causa embaraço ou simplesmente descumpre ordem judicial — como uma ordem de convocação de assembleia de sócios ou mesmo para sustar os efeitos de assembleia judicialmente anulada —, é possível nomear administrador judicial para fazer valer a decisão[416].

---

[415] A saber: (*a*) efetuar gastos pessoais manifestamente excessivos em relação a sua situação patrimonial; (*b*) efetuar despesas injustificáveis por sua natureza ou vulto, em relação ao capital ou gênero do negócio, ao movimento das operações e a outras circunstâncias análogas; (*c*) descapitalizar injustificadamente a empresa ou realizar operações prejudiciais ao seu funcionamento regular; (*d*) simular ou omitir créditos ao apresentar a relação de que trata o inciso III do caput do art. 51 da LREF, sem relevante razão de direito ou amparo de decisão judicial.
[416] FONSECA, Priscila Corrêa da. *Suspensão de deliberações sociais*. São Paulo: Saraiva, 1986, p. 160; PEREIRA. *Medidas urgentes no direito societário...*, p. 222; MERLINSKI. *Manual de sociedades comerciales...*, p. 121.

9.14. Resistência à Penhora de Faturamento

A intervenção judicial a pedido de credor só pode ser concedida em condições especialíssimas e de forma muito restritiva[417].

Da mesma forma, a penhora de faturamento é medida executiva agressiva, devendo ser deferida somente se o executado não tiver outros bens penhoráveis ou se, tendo-os, esses forem de difícil alienação ou insuficientes para saltar o crédito executado[418].

Assim, a nomeação de administrador judicial para efetivar a penhora de faturamento é medida extrema e que só pode ser deferida em situações de recalcitrância por parte do executado[419].

Nessa linha, para garantir o resultado do feito executivo, é viável a nomeação de administrador judicial para efetivar a penhora de faturamento quando conjugados os seguintes requisitos[420]: (*i*) não sejam encontrados bens passíveis de constrição ou, caso encontrados, sejam de difícil

---

[417] GAGGERO. *Intervención judicial de sociedades comerciales...*, p. 43.
[418] TJMS, 2ª Câmara Cível, AI 1401277-66.2017.8.12.0000, Rel. Des. Vilson Bertelli, j. 19/04/2017.
[419] Na Argentina, a intervenção judicial a pedido de credor possui regulação expressa no *Codigo Procesal Civil y Comercial de la Nacion (CPCCCN)*. Estabelece o art. 223 do referido diploma legal: "A pedido de acreedor y a falta de otra medida cautelar eficaz o como complemento de la dispuesta, podrá designarse a un interventor recaudador, si aquélla debiere recaer sobre bienes productores de rentas o frutos. Su función se limitará exclusivamente a la recaudación de la parte embargada, sin ingerencia alguna en la administración. El juez determinará el monto de la recaudación, que no podrá exceder del cincuenta por ciento (50%) de las entradas brutas; su importe deberá ser depositado a la orden del juzgado dentro del plazo que éste determine". Também é assim no Uruguai, onde se admite a medida quando esgotadas outras vias. Vide: GAGGERO. *Intervención judicial de sociedades comerciales...*, p. 65
[420] TJRS, 15ª Câmara Cível, AI 70070624861, Rel. Des. Vicente Barrôco de Vasconcellos, j. 24/05/2017; TJRJ, 13ª Câmara Cível, AI 0061761-71.2016.8.19.0000, Rel. Des. Mauro Pereira Martins, j. 22/03/2017. TJRS, 20ª Câmara Cível, AI 70070626981, Rel. Des. Glênio José Wasserstein Hekman, j. 11/10/2016; TJRS, 16ª Câmara Cível, AI 70067648741, Rel. Des. Catarina Rita Krieger Martins, Redator p/ acórdão Des. Paulo Sérgio Scarparo, j. 10/03/2016; TJPR, 14ª Câmara Cível, AI 1094934-5, Rel. Des. Edson Vidal Pinto, j. 19/02/2014; TJRS, 16ª Câmara Cível, AI 70057446635, Rel. Des. Paulo Sérgio Scarparo, j. 19/12/2013; TJRS, 16ª Câmara Cível, AI 70055845986, Rel. Des. Paulo Sérgio Scarparo, j. 12/09/2013; TJMS, 2ª Câmara Cível, AI 4006377-55.2013.8.12.0000, Rel. Des. Marcos José de Brito Rodrigues, j. 03/09/2013; TJRS, 16ª Câmara Cível, AI 70050010149, Rel. Des. Ergio Roque Menine, j. 09/08/2012; TJRS, 16ª Câmara Cível, AI 70049822406, Rel. Des. Ana Maria Nedel Scalzilli, j. 05/07/2012; TJMG, 11ª Câmara Cível, AI 1.0090.09.024697-7/001, Rel. Des. Marcos Lincoln, j. 21/03/2012; TJMG, 11ª Câmara Cível, AI 1.0024.07.664662-9/008, Rel. Des. Duarte de Paula, j. 21/07/2010.

alienação; (*ii*) fixação de percentual que não inviabilize o próprio funcionamento da empresa⁴²¹. Essa figura é conhecida como "interventor de caixa"⁴²².

A medida se justifica especialmente quando o devedor descumpre acintosamente ordem judicial, demonstrando comportamento tendente a frustrar o resultado do feito executivo⁴²³.

Nesse diapasão, a jurisprudência já admitiu, inclusive, a nomeação de administrador judicial em execução fiscal⁴²⁴, embora tal medida deva ser vista como excepcionalíssima, ante a existência de outros meios de cobrança à disposição (especialmente do Fisco).

Há precedentes que também autorizam a intervenção em caso de desinteligência sobre a forma de calcular o montante da penhora⁴²⁵.

É possível sustentar que a decisão pela intervenção para levar a cabo penhora de faturamento seja orientada pelo trinômio: (*i*) comportamento do devedor; (*ii*) natureza do crédito; e (*iii*) existência de outros meios disponíveis para cobrança.

A nomeação de administrador judicial, por si só, não afronta o princípio segundo o qual a execução deve-se dar pela forma menos onerosa pelo devedor. Trata-se, ao contrário, de medida que pode revelar equilíbrio entre o referido princípio e a necessidade de atendimento do credor⁴²⁶. Todavia, não se pode olvidar sua natureza excepcional e o contexto de gravidade que justifica sua concessão.

Atualmente, o CPC prevê tal medida no art. 866 (admitindo, também, a nomeação de administrador na penhora de estabelecimento comercial,

---

[421] TJRJ, 23ª Câmara Cível, AI 0060127-40.2016.8.19.0000, Rel. Des. Murilo André Kieling Cardona Pereira, j. 15/02/2017; TJRS, 16ª Câmara Cível, AI 70067648741, Rel. Des. Catarina Rita Krieger Martins, Redator p/ acórdão Paulo Sérgio Scarparo, j. 10/03/2016; TJSC, Câmara Cível Especial, AI 2004.025404-0, Rel. Des. Maria do Rocio Luz Santa Ritta, j. 07/10/2004.
[422] MERLINSKI. *Manual de sociedades comerciales...*, p. 125; GAGGERO. *Intervención judicial de sociedades comerciales...*, p. 65; HOLZ; POZIOMEK. *Curso de derecho comercial...*, p. 95.
[423] TJRJ, 13ª Câmara Cível, AI 0061761-71.2016.8.19.0000, Rel. Des. Mauro Pereira Martins, j. 22/03/2017; TJMG, 4ª Câmara Cível, AI 2.0000.00.427803-3/000, Rel. Des. Batista Franco, j. 10/03/2004.
[424] TJRS, 1ª Câmara Cível, AI 70029996212, Rel. Des. Luiz Felipe Silveira Difini, j. 26/08/2009.
[425] TJMG, 3ª Câmara Cível, AI 1.0079.11.004020-5/001, Rel. Des. Kildare Carvalho, j. 13/03/2014; TJRS, 6ª Câmara Cível, AI 70003272390, Rel. Des. Paulo Augusto Monte Lopes, j. 24/10/2001.
[426] TJRJ, 13ª Câmara Cível, AI 0061761-71.2016.8.19.0000, Rel. Des. Mauro Pereira Martins, j. 22/03/2017; TJPR, 14ª Câmara Cível, AI 1094934-5, Rel. Des. Edson Vidal Pinto, j. 19/02/2014.

industrial ou rural, forte no art. 862 e seguintes, e na penhora de frutos e rendimentos de coisa móvel ou imóvel, nos termos do art. 867 e seguintes).

9.15. Prevenção de Dano ao Consumidor, ao Meio Ambiente, à Concorrência e à Administração Pública

A Lei de Defesa da Concorrência prevê, expressamente, a intervenção judicial quando necessária para permitir a execução específica das decisões do Conselho Administrativo de Defesa Econômica (CADE), possibilitando a nomeação de interventor para tanto (art. 102).

Nesse caso, o administrador judicial atua como executor no limite do indispensável para garantir a efetividade da medida, sempre buscando não intervir desnecessariamente na empresa — sendo que, em caso de resistência, o juiz poderá afastar os administradores (art. 107, *caput*) e até determinar que o interventor assuma a administração total da empresa (art. 107, §§1º e 2º).

É possível, ademais, a determinação de intervenção na administração de sociedade para prevenir ou evitar a continuação de práticas delitivas perpetradas por intermédio da pessoa jurídica que causem dano ao consumidor[427], como, inclusive, prevê o art. 58, XI, do Código de Defesa do Consumidor[428].

Mesmo não havendo previsão expressa, nessa linha, admite-se a intervenção na administração de sociedade para prevenir ou evitar a conti-

---

[427] TJRS, 4ª Câmara Cível, MS 70070398540, Rel. Des. Newton Brasil de Leão, j. 20/10/2016. Em outra situação envolvendo consumidores, o TJPR admitiu que empresa educacional, a qual mantinha contrato de parceria com instituição de ensino que simplesmente fechou as portas, assumisse a prestação de serviços, a fim de adimplir as obrigações educacionais perante aproximadamente 1.500 alunos matriculados que ficariam sem aulas com o início do semestre letivo. Vide: TJMT, 2ª Câmara de Direito Privado, AI 88586/2013, Rel. Des. Clarice Claudino da Silva, j. 19/11/2014.

[428] O art. 56, XI, do Código de Defesa do Consumidor (Lei 8.078/90) prevê a possibilidade de intervenção administrativa na pessoa jurídica, o que vem a reforçar o argumento de que a intervenção judicial é admissível, inclusive, em alguns casos, mais adequada em comparação a outras medidas mais drásticas previstas no dispositivo em questão (como a proibição de fabricação do produto; a suspensão de fornecimento de produtos ou serviço; a suspensão temporária de atividade; a revogação de concessão ou permissão de uso; a cassação de licença do estabelecimento ou de atividade; e a interdição, total ou parcial, de estabelecimento, de obra ou de atividade).

nuidade da prática de ilícitos contra o meio ambiente[429] ou contra a Administração Pública, inclusive para evitar lavagem de dinheiro[430] e maus tratos aos animais[431]. Aliás, vale registrar que, de longa data, admite-se a intervenção na administração de sociedades na jurisdição criminal[432].

Digno de referência o caso em que foi determinada a intervenção judicial na administração de sociedade em ação civil pública movida pelo Ministério Público Estadual diante da crise dela e do impacto social gerado, tendo em vista a prática de possíveis atos de administração ruinosa[433]. Na hipótese, formou-se um colegiado com cinco membros, sendo eles indicados pelo Estado, pelos municípios atingidos pela crise, pelos empregados, acionistas e credores.

A propósito, importante observar que a legislação especial prevê a possibilidade de medidas ainda mais enérgicas do que a intervenção judicial, como a suspensão temporária das atividades e até a dissolução compulsória da pessoa jurídica. Assim dispõe o Código de Defesa do Consumidor (Lei 8.078/90, art. 56, V a IX), a Lei de Crimes Ambientais (Lei 9.605/98, art. 8º, III) e a Lei Anticorrupção (Lei 12.846/2013, art. 19, II e III).

Nesse sentido, o decreto de intervenção para a nomeação de administrador judicial com o encargo de fazer cessar a prática delitiva ou para prevenir

---

[429] Processo nº 095/1.06.0003715-9, Vara Judicial de Estância Velha/RS (vide, também, TJRS, 22ª Câmara Cível, AI 70020106431, Rel. Des. Maria Isabel de Azevedo Souza, j. 26/07/2007, decisão que confirmou a fixação de honorários do administrador judicial no caso anteriormente citado). Percebe-se que a legislação abre "oportunidade à nomeação de um terceiro, que pode intervir na administração de uma empresa para fazer o ilícito cessar, à semelhança do que ocorre no direito anglo-americano quando se pensa na figura do *master* ou *administrador* ou ainda do *receiver* americano, que pode administrar uma propriedade para fazer cessar a poluição, o que, sem dúvida, pode configurar uma 'medida necessária' na hipótese em que a multa não se mostra suficiente para impedir a continuação da atividade ilícita." (MARINONI. *Tutela inibitória* (individual e coletiva)..., p. 188). Ver, também: WATANABE. Tutela antecipatória e tutela específica das obrigações de fazer e não fazer..., p. 45. Há, igualmente, julgados que admitem a nomeação de administrador judicial para fazer valer obrigação de fazer ou não fazer determinada em sentença em ação civil pública ambiental, como a demarcação e a averbação de Área de Preservação Permanente (APP) em fazendas ou outros tipos de estabelecimento. Assim: TJSP, 1ª Câmara Reservada ao Meio Ambiente, AI 2227444-68.2015.8.26.0000, Rel. Des. Oswaldo Luiz Palu, j. 11/04/2016; TJSC, 3ª Câmara de Direito Público, AI 2012.072051-8, Rel. Des. Luiz Cézar Medeiros, j. 23/04/2013.
[430] STJ, 5ª Turma, RMS 39.654/MG, Rel. Min. Reynaldo Soares da Fonseca, j. 01/10/2015.
[431] TJPR, 5ª Câmara Cível, AI 1487685-4, Rel. Des. Nilson Mizuta, j. 12/07/2016.
[432] MALAGARRIGA. *Tratado elemental de derecho comercial*..., p. 640.
[433] Processo nº 2004.025.000354-0, 2ª Vara Cível da Comarca de Itaperuna, j. 30/01/2004.

novo ilícito afigura-se mais consentânea com o princípio da preservação da empresa — pois salvaguarda a fonte produtora de bens e serviços, a fonte pagadora de tributos, o emprego dos trabalhadores e as relações negociais com fornecedores e outros agentes do mercado —, e, portanto, preferível em relação àquelas medidas[434].

9.16. Beligerância em Divórcio e Dissolução de União Estável de Consócios

É bastante frequente — e antiga — a nomeação de administrador judicial nos juízos de divórcio, separação ou dissolução de união estável, particularmente quando o casal é sócio em determinado negócio[435].

Efetivamente, quando o estado de beligerância entre o casal em processos dessa natureza impede o desenvolvimento normal das atividades de negócio do qual são sócios, pode ser decisiva a intervenção de terceiro alheio aos litigantes para exercer a administração e preservar a empresa[436]. Essa hipótese de intervenção se justifica especialmente nos casos em que o conflito coloca em risco a própria empresa e a fonte de sustento de ambos.

Da mesma forma, é possível o decreto de intervenção quando a litigiosidade entre os sócios simplesmente impede a partilha no tocante à empresa do antigo casal[437].

---

[434] Nessa linha, GAGGERO. *Intervención judicial de sociedades comerciales...*, p. 640.
[435] MALAGARRIGA. *Tratado elemental de derecho comercial...*, p. 640.
[436] TJRS, 7ª Câmara Cível, AI 70053629440, Rel. Des. Sérgio Fernando de Vasconcellos Chaves, j. 08/05/2013 (dissolução de união estável); TJRS, 7ª Câmara Cível, AI 70042563148, Rel. Des. Sérgio Fernando de Vasconcellos Chaves, j. 25/05/2011 (divórcio); TJRS, 8ª Câmara Cível, APC 70038779682, Rel. Des. Rui Portanova, j. 17/03/2011 (dissolução união estável); TJRS, 7ª Câmara Cível, AI 70038046306, Rel. Des. Sérgio Fernando de Vasconcellos Chaves, j. 23/02/2011 (dissolução de união estável); TJRS, 8ª Câmara Cível, AI 70019122480, Rel. Des. Rui Portanova, j. 10/05/2007 (divórcio); TJRS, 7ª Câmara Cível, AI 70001894237, Rel. Des. Maria Berenice Dias, j. 21/02/2001 (divórcio).
[437] TJRS, 7ª Câmara Cível, AI 70034579391, Rel. Des. Sérgio Fernando de Vasconcellos Chaves, j. 20/07/2010; TJRS, 7ª Câmara Cível, AI 70022485221, Rel. Des. André Luiz Planella Villarinho, j. 12/03/2008; TJRS, 7ª Câmara Cível, AI 70003398344, Rel. Des. Maria Berenice Dias, j. 20/02/2002; TJRS, 1ª Câmara Cível, AI 589049139, Rel. Des. José Vellinho de Lacerda, j. 12/09/1989.

9.17. Necessidade de Salvaguarda dos Direitos dos Herdeiros do Sócio Falecido

A nomeação de administrador judicial pelos juízos sucessórios para a salvaguarda dos direitos dos herdeiros do sócio falecido é frequente e antiga[438].

Efetivamente, quando faz parte do acervo hereditário a participação societária (quotas/ações) em determinada empresa ou bens geradores de rendimento, aos quais parte dos herdeiros não têm acesso, normalmente em razão de clima de intensa beligerância instalada entre eles, ou entre eles e os sócios remanescentes, é possível a nomeação de administrador judicial a fim de garantir a preservação e a correta distribuição dos direitos hereditários de todos[439].

Ainda, a verificação de confusão patrimonial entre ativos de empresas inventariadas e outros bens arrolados alheios a estas também torna possível a nomeação de interventor judicial para a administração provisória do patrimônio, sua separação e venda[440].

Outrossim, havendo conflito entre o administrador de sociedade, cujas quotas/ações são objeto de inventário, e o inventariante, também é viável a nomeação de administrador judicial para proceder à apuração dos haveres[441].

---

[438] MALAGARRIGA. *Tratado elemental de derecho comercial...*, p. 641; VERÓN. *Tratado de los conflictos societarios...*, p. 490.

[439] TJSP, 3ª Câmara de Direito Privado, AI 2124703-13.2016.8.26.0000, Rel. Des. Carlos Alberto Salles, j. 13/09/2013; TJRS, 7ª Câmara Cível, AI 70047266028, Rel. Des. Sérgio Fernando de Vasconcellos Chaves, j. 14/03/2012; TJRS, 7ª Câmara Cível, AI 70012776159, Rel. Des. Ricardo Raupp Ruschel, j. 23/11/2005; TJRS, 7ª Câmara Cível, AI 70006242630, Rel. Des. José Carlos Teixeira Giorgis, j. 25/06/2003; TJRS, 5ª Câmara Cível, AI 591009584, Rel. Des. Ruy Rosado de Aguiar Júnior, j. 28/03/1991.

[440] TJPR, 11ª Câmara Cível, AI 1156199-4, Rel. Des. Gamaliel Seme Scaff, j. 20/08/2014; TJRS, 7ª Câmara Cível, AI 70047266028, Rel. Des. Sérgio Fernando de Vasconcellos Chaves, j. 14/03/2012.

[441] TJMG, 4ª Câmara Cível, AI 1.0000.00.313756-9/000, Rel. Des. Hyparco Immesi, j. 14/12/2006.

10. Decreto de Intervenção

A decisão judicial que determina a intervenção judicial deve ser fundamentada, respeitando os requisitos impostos pela legislação processual civil. Nela, é crucial a indicação clara e precisa das providências a serem tomadas pelo interventor nomeado[442].

O magistrado deve fixar as atribuições, atentando para as circunstâncias do caso. De qualquer forma, elas nunca devem extrapolar os poderes conferidos aos administradores pelos atos societários ou pela lei, como expressamente previsto nas legislações uruguaia e argentina[443].

Os poderes, as funções e os deveres do administrador judicial estão diretamente relacionados ao tipo de intervenção estabelecida, de modo que o decreto deve especificá-los com a maior precisão possível[444]. Como

---

[442] Assim, por exemplo, está previsto expressamente no parágrafo único do art. 102 da Lei de Defesa da Concorrência (Lei 12.529/2011).

[443] HOLZ; POZIOMEK. *Curso de derecho comercial...*, p. 95-96. Ver, também: PLETI. *Intervenção judicial em sociedade empresária...*, p. 176. Nesse sentido: "Tendo em vista a preocupação dos doutos em apontar a necessidade de o juiz estabelecer as atribuições do administrador judicial, essas não devem extrapassar as lindes do contrato social. Isto para se garantir a normalidade da vida empresarial, que não admite gerências paralelas, incongruentes, mas em perfeita sintonia. E tal só se consegue pela observância do contrato social, já que as demais gerências não ficam sob intervenção." (RODRIGUES FILHO. Suspensão cautelar e afastamento de gerente de sociedade por quotas..., p. 95).

[444] GAGGERO. *Intervención judicial de sociedades comerciales...*, p. 70. Ver, também: PLETI. *Intervenção judicial em sociedade empresária...*, p. 176. Observe-se o disposto no art. 729 do *Codigo Procesal Civil* paraguaio: "Art.729.- Facultades del interventor o administrador. El auto que disponga la intervención fijará las facultades del designado, las que deberán limitarse a lo

quer que seja, o interventor possui faculdades implícitas indispensáveis para o efetivo cumprimento do seu encargo, não sendo necessário que o decreto de intervenção enumere exaustivamente cada tarefa e relacione poderes que lhes são outorgados[445], nem que ao juiz seja necessário recorrer a cada tomada de decisão[446].

É recomendável, entretanto, que o decreto de intervenção apresente os seguintes elementos mínimos: (*i*) nome e qualificação técnica do interventor; (*ii*) atribuições e limites; (*iii*) poderes; (*iv*) prazo da intervenção; (*iv*) remuneração arbitrada ou intimação para que o administrador eleito apresente pretensão honorária[447].

---

estrictamente necesario para asegurar el derecho que se intenta garantizar. Tratándose de administración, el juez determinará las facultades de quien deba ejercerla, teniendo en cuenta la naturaleza del negocio y las circunstancias del caso. La designación deberá recaer, en lo posible, en persona entendida en el ramo de negocios que constituya el objeto de la sociedad."

[445] GAGGERO. *Intervención judicial de sociedades comerciales...*, p. 71.

[446] VERÓN. *Tratado de los conflictos societarios...*, p. 524.

[447] Na Argentina, o art. 115 da *Ley General de Sociedades* (*Ley 19.550* de 1984) dispõe expressamente que "El juez fijará la misión que deberán cumplir y las atribuciones que les asigne de acuerdo con sus funciones, sin poder ser mayores que las otorgadas a los administradores por esta ley o el contrato social. Precisará el término de la intervención, el que solo puede ser prorrogado mediante información sumaria de su necesidad". Igualmente, o art. 225, item 3, do *Codigo Procesal Civil y Comercial de la Nacion (CPCCCN)* assim dispõe: "La providencia que designe al interventor determinará la misión que debe cumplir y el plazo de duración, que sólo podrá prorrogarse por resolución fundada". No Uruguai, a *Ley de Sociedades Comerciales* (*Ley 16060* de 1989) dispõe no mesmo sentido no art. 186, no que toca à fixação das atribuições e aos poderes do administrador judicial e ao prazo de duração da intervenção ("Clases. Atribuciones de los interventores. Duración). La intervención podrá consistir en la designación de un mero veedor, de un ejecutor de medidas concretas o de uno o varios coadministradores. También podrá designarse uno o varios administradores que desplazarán provisoriamente a quienes desempeñen tales funciones. El Juez fijará sus cometidos y atribuciones que no podrán ser mayores que las otorgadas a los administradores por la ley o el contrato social. Para enajenar y gravar los bienes que compongan el activo fijo deberán requerir autorización judicial expresa y fundada en cada caso. Igual disposición regirá para transar, conciliar o suscribir compromissos arbitrales. El Juez fijará el plazo de duración de la intervención que podrá ser prorrogado mediante información sumaria de su necesidad. El Juez podrá remover en cualquier momento, con o sin expresión de causa, al interventor designado."). Na Itália, o art. 2.409 do *Codice Civile* determinada que o decreto de intervenção assinale os poderes do administrador judicial e o prazo da sua intervenção: "Se le violazioni denunziate sussistono ovvero se gli accertamenti e le attività compiute ai sensi del terzo comma risultano insufficienti alla loro eliminazione, il tribunale può disporre gli opportuni provvedimenti provvisori e convocare l'assemblea per le conseguenti deliberazioni. Nei casi più gravi può revocare gli amministratori ed eventualmente anche i sindaci e nominare un

O administrador judicial, evidentemente, deverá aceitar o encargo. A investidura se faz por meio da assinatura de termo de compromisso, a qual determina, formalmente, o termo inicial das suas atividades.

Como a sociedade seguirá mantendo relações com o mercado durante a intervenção judicial, indispensável que a adoção da medida seja devidamente publicizada para conhecimento de terceiros a depender das funções atribuídas ao interventor. De fato, no caso de administrador judicial gestor ou cogestor, parece evidente a necessidade de publicização. Do contrário, no caso de nomeação de um interventor judicial observador, desnecessária a providência. Assim, o decreto de intervenção deverá, se for o caso, determinar a expedição de ofício à Junta Comercial ou ao Registro Civil de Pessoas Jurídicas, informando a peculiar situação em que se encontra a sociedade[448].

---

amministratore giudiziario, determinandone i poteri e la durata". Ver: PLETI. *Intervenção judicial em sociedade empresária...*, p. 176.

[448] TJMG, 9ª Câmara Cível, AI 1.0024.10.240452-2/005, Rel. Des. Luiz Artur Hilário j. 13/11/2012.

11. Atuação

Espera-se que o administrador judicial desempenhe pessoalmente o encargo que lhe foi conferido, com a observância das diretrizes estabelecidas pelo juiz e dos deveres inerentes à função, sem prejuízo da possibilidade de contratar auxiliares e colaboradores para assessorá-lo, desde que devidamente autorizado sob pena de ter de arcar pessoalmente com tal gasto[449].

A atuação do administrador judicial, atentando para a forma de intervenção, respeitará o previsto na legislação societária, especialmente na parte que diz respeito à administração de sociedades[450].

O administrador judicial deve atuar, tanto quanto for possível, de modo a pacificar o litígio ou resolver o problema que ensejou a sua nomeação[451]. Para isso, precisará agir com imparcialidade, notadamente quando a razão da sua nomeação tiver sido a deflagração de um conflito societário[452].

---

[449] Na Argentina, o art. 226, item 1, do *Codigo Procesal Civil y Comercial de la Nacion (CPCCCN)* assim dispõe: "El interventor debe: 1. Desempeñar personalmente el cargo con arreglo a las directivas que le imparta el juez". Ainda, assim dispõe o art. 225, item 5, do *Codigo Procesal Civil y Comercial de la Nacion (CPCCCN)* argentino: "El nombramiento de auxiliares requiere siempre autorización previa del juzgado". Na doutrina: ROITMAN; AGUIRRE; CHIAVASSA. *Manual de sociedades comerciales...*, p. 348.
[450] Processo nº 2004.025.000354-0, 2ª Vara Cível da Comarca de Itaperuna, j. 30/01/2004.
[451] GAGGERO. *Intervención judicial de sociedades comerciales...*, p. 71.
[452] SANDOVAL. *Intervención judicial de sociedades comerciales...*, p. 199.

Prova de sua imparcialidade é o fato de que o encargo vincula o administrador judicial ao juízo e não aos sócios ou mesmo à própria sociedade[453]. Por conta disso, é incabível ação de prestação de contas dos sócios diretamente intentada em desfavor do administrador judicial[454] — o que, por si só, não significa que o administrador judicial não deva prestar contas ao juízo, como, inclusive, prevê o art. 108, III, da Lei 12.529/2011, ao exigir a apresentação de relatório mensal das atividades do interventor ao juiz.

Igualmente, ante o caráter excepcional da medida e ante o princípio da intervenção mínima, o administrador judicial deve interferir apenas o suficiente na direção da entidade para cumprir a missão que lhe foi designada[455]. Seus poderes serão aqueles necessários para fazer cumprir a sua missão[456]. Assim, a ingerência na estrutura e no funcionamento dos órgãos da sociedade deve ser a menor possível[457].

Quando conferidos poderes de gestão ou cogestão ao interventor, sua atuação deve se caracterizar pela conservação do patrimônio[458], não sendo conveniente que assuma uma gestão ousada, ainda que objetive o auferimento de ganhos para a sociedade. Nesse sentido, seu agir não deve ter o condão de comprometer o futuro do negócio[459], uma vez que o interventor deve administrar com zelo o patrimônio alheio[460].

---

[453] ROITMAN; AGUIRRE; CHIAVASSA. *Manual de sociedades comerciales...*, p. 345.

[454] TJRS, 6ª Câmara Cível, APC 70048722474, Rel. Des. Sylvio José Costa da Silva Tavares, j. 01/10/2015. Na doutrina: GAGGERO. *Intervención judicial de sociedades comerciales...*, p. 69, 74; HALPERIN. *Curso de derecho comercial...*, p. 374. Contra: TJRS, 6ª Câmara Cível, APC 70035988849, Rel. Des. Artur Arnildo Ludwig, j. 09/09/2010.

[455] O art. 106 da Lei de Defesa da Concorrência contém regra nesse sentido: "A intervenção judicial deverá restringir-se aos atos necessários ao cumprimento da decisão judicial que a determinar e terá duração máxima de 180 (cento e oitenta) dias, ficando o interventor responsável por suas ações e omissões, especialmente em caso de abuso de poder e desvio de finalidade".

[456] Assim dispõe o art. 108, I, da Lei 12.529/2001: "Art. 108. Compete ao interventor: I - praticar ou ordenar que sejam praticados os atos necessários à execução".

[457] GAGGERO. *Intervención judicial de sociedades comerciales...*, p. 37 e 73.

[458] GAGGERO. *Intervención judicial de sociedades comerciales...*, p. 71.

[459] GAGGERO. *Intervención judicial de sociedades comerciales...*, p. 71

[460] TJMG, 16ª Câmara Cível, AI 1.0351.10.006077-8/001, Rel. Des. Wagner Wilson, j. 06/07/2011. Na Argentina, o art. 226, item 3, do *Codigo Procesal Civil y Comercial de la Nacion* (*CPCCCN*) assim dispõe: "El interventor debe: 3. Evitar la adopción de medidas que no sean estrictamente necesarias para el cumplimiento de su función o que comprometan su imparcialidad respecto de las partes interesadas o puedan producirles daño o menoscabo".

Note-se que o modelo aqui difere daquele previsto para os administradores eleitos pelos sócios, de quem se espera algum grau de ousadia na assunção de certos riscos para maximizar ganhos do negócio[461].

Uma vez que o *standard* é outro e que, portanto, a sua atuação deve ser pautada pela cautela e pela prudência, o administrador judicial deve consultar o juiz quando entender necessário o seu consentimento para o desembaraço de questões de maior gravidade, como a realização de gastos extraordinários (assim entendidos aqueles que excedam o giro habitual dos negócios)[462], a alienação e a dação em garantia de ativos (especialmente, os que compõem o grupo denominado "Ativo Não Circulante")[463] ou a adoção dos remédios para enfrentar a crise, previstos da Lei de Recuperação de Empresas e Falência[464].

Todavia, o Poder Judiciário não deve se imiscuir na função de revisar cada decisão tomada pelo administrador judicial, dado que a atribuição que lhe é conferida deve ser exercida com desenvoltura, ainda que dentro dos limites fixados pelo decreto de intervenção[465].

O administrador judicial deve conduzir a sua atuação de modo a cumprir com precisão e diligência o designado no decreto de intervenção[466]. Nos casos em que assumir a gestão da sociedade, deve providenciar a regu-

---

[461] HAMILTON, Robert W. *The law of corporations*. 5 ed. Saint Paul: West Group, 2000, p. 448.

[462] ROITMAN; AGUIRRE; CHIAVASSA. *Manual de sociedades comerciales...*, p. 348.

[463] Com destaque para os bens enquadrados como "Investimento", "Intágível" e "Imobilizado".

[464] HALPERIN. *Curso de derecho comercial...*, p. 374. Também nesse sentido: VERÓN. *Tratado de los conflictos societarios...*, p. 514-519. No plano do direito legislado, o art. 225, item 5, do *Codigo Procesal Civil y Comercial de la Nacion (CPCCCN)* argentino assim dispõe: "Los gastos extraordinarios serán autorizados por el juez previo traslado a las partes, salvo cuando la demora pudiere ocasionar perjuicios; en este caso, el interventor deberá informar al juzgado dentro de tercero día de realizados. El nombramiento de auxiliares requiere siempre autorización previa del juzgado". No Uruguai, o art. 186 da Ley de Sociedades Comerciales (*Ley 16060* de 1989) assim dispõe: "Para enajenar y gravar los bienes que compongan el activo fijo deberán requerir autorización judicial expresa y fundada en cada caso. Igual disposición regirá para transar, conciliar o suscribir compromisos arbitrales". Observe-se que, na Itália, o art. 2.409 do *Codice Civile* permite o ajuizamento de ação de responsabilidade: "L'amministratore giudiziario può proporre l'azione di responsabilità contro gli amministratori e i sindaci. Si applica l'ultimo comma dell'articolo 2393".

[465] VERÓN. *Tratado de los conflictos societarios...*, p. 524.

[466] VERÓN. *Tratado de los conflictos societarios...*, p. 516-517; ROITMAN; AGUIRRE; CHIAVASSA. *Manual de sociedades comerciales...*, p. 337, 348.

lar escrituração contábil das operações e o levantamento das demonstrações financeiras[467].

Para prevenir responsabilidade, convém que faça um inventário prévio do ativo da empresa objeto da intervenção[468]. Como os sócios afastados da administração seguem tendo direito de acompanhar a marcha dos negócios sociais[469], o interventor deve elaborar informes periódicos de sua gestão ao juiz (para conhecimento deste e daqueles)[470-471].

Os atos praticados na esfera de suas atribuições são atos da sociedade e só a ela obrigam[472]. Em outras palavras, o administrador judicial não fica pessoalmente obrigado pelos atos praticados regularmente no desempenho de suas funções, salvo em caso de dolo ou culpa no exercício da função.

O juiz poderá afastar de suas funções os responsáveis pela administração da sociedade que, comprovadamente, obstarem o cumprimento de atos de competência do interventor. Lembra-se, aqui, que o art. 107 da Lei de Defesa da Concorrência dispõe que, neste caso, eventual substituição dá-se na forma estabelecida no contrato social da empresa.

Se, ainda assim, a administração social recusar colaborar com o interventor, o juiz determinará que este assuma a administração total do negócio — isso se essa tarefa já não tiver lhe sido assinalada no decreto de intervenção, como estabelece o parágrafo segundo do dispositivo acima citado.

Conforme também dispõe o art. 111 da Lei de Defesa da Concorrência, todo aquele que se opuser ou obstaculizar a intervenção ou, cessada esta, praticar quaisquer atos que direta ou indiretamente anulem seus efeitos, no todo ou em parte, ou, ainda, desobedecer a ordens legais do interventor será, conforme o caso, responsabilizado criminalmente por resistên-

---

[467] ROITMAN; AGUIRRE; CHIAVASSA. *Manual de sociedades comerciales...*, p. 348.
[468] GAGGERO. *Intervención judicial de sociedades comerciales...*, p. 71-72; MALAGARRIGA. *Tratado elemental de derecho comercial...*, p. 641.
[469] GAGGERO. *Intervención judicial de sociedades comerciales...*, p. 74.
[470] HALPERIN. *Curso de derecho comercial...*, p. 374; VERÓN. *Tratado de los conflictos societarios...*, p. 489-490; ROITMAN; AGUIRRE; CHIAVASSA. *Manual de sociedades comerciales...*, p. 348.
[471] O art. 108, III, da Lei de Defesa da Concorrência assim dispõe: "Compete ao interventor: III - apresentar ao Juiz relatório mensal de suas atividades". Na Argentina, o art. 226, item 2, do *Codigo Procesal Civil y Comercial de la Nacion (CPCCCN)* assim dispõe: "El interventor debe: 2. Presentar los informes periódicos que disponga el juzgado y uno final, al concluir su cometido"
[472] ROITMAN; AGUIRRE; CHIAVASSA. *Manual de sociedades comerciales...*, p. 347.

cia, desobediência ou coação no curso do processo, na forma dos arts. 329, 330 e 344 do Código Penal.

Evidentemente que as sanções penais e administrativas são aplicáveis, quando preenchidos os respectivos suportes fáticos, em qualquer hipótese de intervenção.

12. Deveres

É evidente que sobre os administradores judiciais incidem os deveres e as responsabilidades próprias do regime dos auxiliares da justiça[473]. Mas, além destes e dos deveres especialmente apontados no decreto de intervenção, aplicam-se ao administrador judicial, tanto quanto possível, os mesmos deveres e responsabilidades dos administradores de sociedades.

Assim, possuem incidência tanto os deveres específicos quanto os genéricos previstos entre os artigos 153 e 159 da Lei das S.A. — como, aliás, dispõe o art. 106, §1º, da Lei de Defesa da Concorrência —, bem como as normas do Código Civil sobre a matéria (arts. 1.011 e seguintes)[474-475-476].

---

[473] ROITMAN; AGUIRRE; CHIAVASSA. *Manual de sociedades comerciales...*, p. 351.

[474] SANDOVAL. *Intervención judicial de sociedades comerciales...*, p. 196; HOLZ; POZIOMEK. *Curso de derecho comercial...*, p. 96. Assim também, por exemplo, se entende na Alemanha na hipótese de indicação de administrador pelo Poder Judiciário para suprir eventual vacância de algum cargo (SCHMIDT, Karsten; LUTTER, Marcus (Hrsg.). *AktG Kommentar*, I Band. 3 Aufl. Köln: Otto Schmidt, 2015, p. 1330-1331).

[475] No Uruguai, o art. 187 da *Ley de Sociedades Comerciales* (*Ley 16060* de 1989) dispõe nesse sentido: "Se aplicarán a los interventores, en lo compatible, las disposiciones relativas a los administradores sociales".

[476] Sobre os deveres dos administradores, por todos, ver: ADAMEK. *Responsabilidade civil dos administradores de S/A e as ações correlatas...*; COSTA, Luiz Felipe Duarte Martins. *Contribuição ao estudo da responsabilidade civil dos administradores de companhias abertas*. Dissertação (Mestrado em Direito). Faculdade de Direito da Universidade de São Paulo, São Paulo, 2006; PARENTE, Flávia. *O dever de diligência dos administradores de sociedades anônimas*. Rio de Janeiro: Renovar, 2005; SPINELLI. *Conflito de interesses na administração da sociedade anônima...*

Nessa linha, além dos deveres específicos, como o de prestar contas, chamam particular atenção os deveres de diligência e lealdade[477].

Assim, para agir diligentemente (nos termos do art. 153 da Lei das S.A. e do art. 1.011 do Código Civil), o administrador deve:

(i) Possuir *qualificação técnica* para o exercício da função[478], desempenhando suas atribuições de forma ativa e proba[479] — não se exigindo, todavia, que seja o gestor um verdadeiro perito[480];

(ii) Obedecer a lei e os atos societários[481], bem como o decreto de intervenção;

(iii) Devendo sempre, *informar-se adequadamente* para a tomada de decisões, envolvendo-se suficientemente na entidade objeto da intervenção e obtendo informações necessárias ao desenvolvimento adequado da sua

---

[477] Em se tratando de intervenção judicial em uma companhia aberta, o administrador judicial ficará, também, sujeito ao dever de informar previsto nos parágrafos do art. 154 e no art. 157 da Lei das S.A., bem como às regras previstas na legislação e nos regulamentos especiais.

[478] PARENTE. *O dever de diligência...*, p. 103-104

[479] FERBER, Kenneth S. *Corporation law.* New Jersey: Prentice Hall, 2002, p. 67.

[480] É pacífico que não se pode exigir do gestor conhecimento de um perito (salvo se ocupar cargo com este propósito), mas sim o de obter os conhecimentos necessários para o exercício de sua função (PARENTE. *O dever de diligência...*, p. 105; BONELLI, Franco. *La responsabilità degli amministratori di società per azioni*. Milano: Giuffrè, 1992, p. 61-62).

[481] "(...) o dever de desempenhar o cargo e o correspondente dever de administrar pressupõem necessariamente a atuação diligente do administrador visando à consecução do interesse social, dentro dos limites do objeto social." (PARENTE. *O dever de diligência...*, p. 111).

função⁴⁸², inclusive no tocante aos aspectos legais e contábeis do negócio⁴⁸³⁻⁴⁸⁴;

(iv) Vigiar a entidade objeto de intervenção e todos aqueles que trabalham sob sua responsabilidade⁴⁸⁵

(v) Investigar, ou seja, não apenas analisar criticamente as informações que lhes foram fornecidas para verificar se são suficientes ou se devem ser complementadas, mas também considerar os fatos que podem eventualmente vir a causar danos à sociedade, tomando as providências cabíveis para evitar que tal ocorra⁴⁸⁶.

Assim, além de se impor ao gestor uma qualificação mínima, bem como a obrigação de buscar informações sobre a marcha dos negócios da sociedade em seus mais variados aspectos, de apurar a veracidade das informações disponíveis e de fiscalizar seus subordinados e seus pares, ele está obrigado a adotar uma atitude proativa, de verdadeira inquirição dos fatos e das circunstâncias quando estas apontam para possíveis irregularidades

---

⁴⁸² FERBER. *Corporation law...*, p. 68. É importante salientar que existem várias maneiras de o administrador obter as informações necessárias para o desempenho de sua função (dependendo do grau de profundidade da informação, do tipo de decisão a ser tomada, do custo para a sua obtenção, do tempo existente, etc.). Primeiramente, quem assume o cargo de administrador deve estar consciente de todas as suas obrigações. Em outras palavras, é preciso que esteja familiarizado com os atos constitutivos da sociedade e com as alterações societárias que lhe forem posteriores, sabendo quais poderes possui. Além disso, deve saber se existe legislação específica regulando o exercício de seu cargo. Ainda, precisa conhecer a situação atual da sociedade, os negócios que realiza e tende a realizar, como se encontra posicionada no mercado, etc. Em último lugar, deve o administrador manter-se permanentemente informado sobre os procedimentos, programas e outras técnicas que o auxilie na função de supervisão das atividades desenvolvidas no âmbito da sociedade — sendo essencial, para tanto, a criação de mecanismos que possibilitem que as informações circulem dentro da sociedade. Ver: PARENTE. *O dever de diligência...*, p. 111 ss.

⁴⁸³ HENN, Harry G.; ALEXANDER, John R. *Laws of corporations and other business enterprises*. 3 ed. St. Paul: West Group, 1983, p. 622.

⁴⁸⁴ Em contexto análogo, a doutrina já esclareceu que pessoas que assumem cargos apenas para emprestar o seu prestígio à empresa e que não se familiarizam com os negócios dessa, tampouco assumem as responsabilidades inerentes ao cargo, incorrem no risco de serem consideradas responsáveis por eventuais danos causados à companhia por sua passividade e negligência. Espera-se do administrador diligente, quando impossibilitado de levar a cabo tamanha responsabilidade por falta de tempo, que ele simplesmente renuncie ao cargo para evitar causar dano à sociedade (HENN; ALEXANDER. *Laws of corporations...*, p. 621-622).

⁴⁸⁵ PARENTE. *O dever de diligência...*, p. 126 ss.

⁴⁸⁶ PARENTE. *O dever de diligência...*, p. 120-126.

ou para potenciais riscos para a companhia[487]. Trata-se da chamada "faceta investigativa do dever de diligência"[488], algo extremamente relevante na intervenção judicial de sociedades.

Por exemplo, se há indícios de que um funcionário está desfalcando a sociedade, cumpre ao administrador investigar essa situação[489]. Além disso, é válida — e, em alguns casos, indispensável — a iniciativa de buscar ajuda de auditores, de consultores e de outros profissionais especializados para detectar irregularidades e solucioná-las o mais rápido possível[490].

Nessa linha, de acordo com o art. 108, II, da Lei de Defesa da Concorrência, compete ao interventor denunciar ao magistrado quaisquer irregularidades praticadas pelos responsáveis pela empresa e das quais venha a ter conhecimento.

O envolvimento e a postura do interventor variam de acordo com o tipo de entidade objeto de intervenção e com as funções que lhe são assinaladas[491], sempre lembrando que é facultado ao interventor se valer de auxiliares para o bom desempenho de suas funções.

Ademais, não se pode esquecer que o dever de diligência impõe uma obrigação de meio e não de resultado[492].

O dever de diligência, em suma, exige que seja adotada a postura de um ordenado e consciencioso homem de negócios, uma vez que o gestor administra em confiança o patrimônio alheio e não o seu próprio (o que, evidentemente, deve ser verificado *in concreto*, de acordo com o momento da decisão, a posição e o tamanho da sociedade, etc.). Espera-se essa postura do interventor judicial, particularmente quando exerce as funções de gestor ou cogestor, uma vez que o interventor não é nomeado pelos sócios, e sim pelo magistrado[493].

Mas dos administradores judiciais não se espera apenas diligência, pois, como gestores do patrimônio alheio, especialmente nas modalidades de intervenção com gestão e cogestão, eles possuem uma série de deveres para

---

[487] COSTA. *Contribuição ao estudo...*, p. 75.
[488] COSTA. *Contribuição ao estudo...*, p. 76.
[489] FERBER. *Corporation law...*, p. 67.
[490] FERBER. *Corporation law...*, p. 67.
[491] Em sentido análogo: HAMILTON. *The law of corporations...*, p. 444-445.
[492] BONELLI. *La responsabilità degli amministratori di società per azioni...*, p. 1-2, 47-48, 63-66; COSTA. *Contribuição ao estudo...*, p. 78-80; PARENTE. *O dever de diligência...*, p. 49.
[493] SCHMIDT; LUTTER. *AktG Kommentar*, I Band..., p. 1438-1439.

com aqueles cujo patrimônio é gerido, os quais têm por escopo impedir (ou ao menos tentar impedir) que o administrador tire vantagem de sua posição em detrimento da sociedade.

Não se trata de mero enunciado genérico acerca de expectativa de probidade e de lealdade, porém de normas verdadeiramente cogentes, lastreadas pela boa-fé, forte nos artigos 117, 154, 155 e 156 da Lei das S.A. e 1.017 do Código Civil.

Assim, o dever de lealdade a que os administradores de sociedades estão sujeitos[494] — e que é elemento central do próprio direito societário[495] — também é imposto aos interventores judiciais.

Tal dever veda uma série de condutas, ao mesmo tempo em que impõe obrigações positivas a fim de evitar prejuízo ao interesse social[496]. Nesse sentido, o dever de lealdade não se concretiza em um único dever, e sim em um feixe de deveres[497], os quais serão abaixo elencados.

De qualquer forma, é dever em certa medida indefinido[498], a ser verificado caso a caso — a depender, inclusive, do cargo ocupado pelo adminis-

---

[494] O dever de lealdade não pode ser excluído sob pena de destruir a própria relação fiduciária (SMITH, Lionel D. Can we be obliged to be selfless? In: GOLD, Andre S.; MILLER, Paul B. (coord.). *Philosophical foundations of fiduciary law*. Oxford: Oxford University Press, p. 156-157), tratando-se de elemento integrante essencial do conteúdo da relação de gestão em qualquer sociedade (FERRER, Vincenç Rivas. *El deber de lealtad del administrador de sociedades*. Madrid: La Ley, 2010, p. 22, 404 ss).

[495] FERRER. *El deber de lealtad del administrador de sociedades...*, p. 74.

[496] "O dever de lealdade é, pois, um dever comportamental que exige, conforme as circunstâncias, condutas positivas ou negativas concretas e que tem a sua justificação primacial no facto de se inserir no âmbito de uma relação jurídica que requer uma particular tutela da confiança investida que é a relação de administração. Assume-se, portanto, como um dever de conteúdo ético-jurídico inserto numa determinada relação jurídica, *in casu*, na relação de administração, estando os administradores sujeitos a tal dever porque lhes compete realizar o interesse de um ente que lhes é alheio: o da sociedade que administram." (LARGUINHO, Marisa. O dever de lealdade: concretizações e situações de conflito resultantes da cumulação de funções de administração. *Direito das Sociedades em Revista*, Coimbra, a. 5, n. 9, mar. 2013, p. 193).

[497] BORSDORFF, Roland. *Interessenkonflikte bei Organsmitgliedern*: Eine Untersuchung zum deutschen und US-amerikanischen Aktienrecht. Frankfurt am Main: Peter Lang, 2010, p. 113.

[498] *V.g.*: LARGUINHO. O dever de lealdade..., p. 194-195, 197.

trador[499]. Trata-se, além disso, de dever que produz efeitos também após o encerramento da função[500].

Os desdobramentos do dever de lealdade impõem, entre outras condutas, os deveres de (*i*) não usurpar oportunidades comerciais, (*ii*) não

---

[499] BORSDORFF. *Interessenkonflikte bei Organsmitgliedern...*, p. 120 ss. Nesse sentido, por exemplo, o dever de lealdade dos diretores incide de modo mais intenso do que sobre os conselheiros de administração, já que estes não possuem exclusividade (KORT, Michael. Interessenkonflikte bei Organmitgliedern der AG. *Zeitschrift für Wirtschaftsrecht*, a. 29, v. 16, abr. 2008, p. 722) – apesar de ser comum e aceito que os diretores ocupem cargos em outras sociedades do mesmo grupo (RAISER; VEIL. *Recht der Kapitalgesellschaften...*, p. 148).

[500] BORSDORFF. *Interessenkonflikte bei Organsmitgliedern...*, p. 145-146. Uwe Schneider leciona, entretanto, que a intensidade do dever de lealdade após o rompimento do vínculo entre a sociedade e o administrador é reduzida, apesar de ainda existirem diversas condutas por ele impostas (SCHNEIDER, Uwe H. Die nachwirkenden Pflichten des ausgeschiedenen Geschäftsführers. In: ERLE, Bernd *et al.* (org.). *Festschrift für Peter Hommelhoff zum 70. Geburtstag*. Köln: Dr. Otto Schmidt, 2012, p. 1.027). Nesse sentido, Holger Fleischer, que está de acordo com a pós-eficácia do dever de lealdade, corretamente sustenta que isso deve ser analisado no caso concreto: legítima é a proteção ao uso de informações confidenciais da sociedade pelo ex-administrador (perdura, então, o dever de sigilo), não se podendo, entretanto, proibir que o antigo gestor passe a explorar concorrência (uma vez que estaria rompido o vínculo que ensejaria a permanente colisão de interesses) (FLEISCHER, Holger. Zur organschaftlichen Treupflicht der Geschäftsleiter im Aktien- und GmbH-Recht. *Zeitschrift für Wirtschafts- und Bankrecht*, Heft 22, 57 Jahrgang, 2003, p. 1.058; igualmente: SCHNEIDER. Die nachwirkenden Pflichten des ausgeschiedenen Geschäftsführers..., p. 1.027 ss; BROSETA PONT, Manuel; SANZ, Fernando Martínez. *Manual de derecho mercantil*, v. I. 24 ed. Madrid: Tecnos, 2017, p. 488; FERRER. *El deber de lealtad del administrador de sociedades...*, p. 459, 507) — ressalvada, logicamente, a hipótese de concorrência desleal (Lei 9.279/96, art. 195, XI e §1º). Assim, os administradores podem exercer concorrência após o término do mandato, salvo estipulação contratual em contrário (observando-se, evidentemente, limites territoriais e temporais, bem como quanto ao próprio objeto da atividade) mediante compensação (KORT. Interessenkonflikte bei Organmitgliedern der AG..., p. 718-719; SCHNEIDER. Die nachwirkenden Pflichten des ausgeschiedenen Geschäftsführers..., p. 1.027-1.029). Igualmente, é claro que os administradores podem se valer de oportunidades negociais após o término do mandato, desde que não tenham deixado de aproveitá-la enquanto estavam no cargo para usá-la posteriormente (DÍEZ, Pedro Portellano. *El deber de los administradores de evitar situaciones de conflicto de interés*. Pamplona: Civitas, 2015, p. 136). No mesmo sentido, os administradores não podem se valer de oportunidades negociais caso elas tenham sido desenvolvidas quando ainda ocupavam os respectivos cargos (sendo que, para evitar dúvidas, a proibição de se valer de oportunidades negociais pode ser estabelecida em contrato por determinado período – dois anos, por exemplo – após o término do vínculo entre administrador e sociedade) (SCHNEIDER. Die nachwirkenden Pflichten des ausgeschiedenen Geschäftsführers..., p. 1.029-1.030).

concorrer[501]; *(iii)* não atuar em conflito de interesses; e *(iv)* manter reserva sobre os negócios da companhia[502].

Finalmente, todos os deveres do interventor judicial devem ser avaliados conforme a função desempenhada, de acordo com o decreto de intervenção — o exposto também se aplica às hipóteses de intervenção previstas nos arts. 64 e 65 da LREF[503], sendo que, mesmo aqui, não responde pelos maus resultados, pois sua obrigação é de meio[504].

---

[501] O dever de não concorrer deve ser visto com cuidado no caso de intervenção judicial, sendo mais intenso, por exemplo, na situação de nomeação de um gestor ou de um cogestor, mas não devendo, por regra, incidir quando da nomeação de um observador ou de um executor de determinadas medidas.

[502] SCHMIDT; LUTTER. *AktG Kommentar*, I Band..., p. 1449. Aqui, todavia, há que se conciliar este dever com a função que o interventor exerce no processo. Se for o caso, por exemplo, de uma intervenção para fiscalização das atividades sociais e que resulte na necessidade de prestar informações no processo sobre a marcha dos negócios, o administrador judicial, diante de informações sigilosas e segredos negociais, deve requerer, sempre que for o caso, o segredo de justiça.

[503] BERNIER. *Administrador judicial...*, p. 135.

[504] ABRÃO, Nelson. *A continuação provisória do negócio na falência*. 2 ed. São Paulo: LEUD, 1998, p. 146.

13. Destituição e Responsabilização

A violação dos deveres dos administradores e dos auxiliares da justiça, bem como daqueles especificamente estabelecidos no decreto de intervenção, faz com que o administrador judicial possa ser destituído, sem prejuízo da correspondente responsabilização civil, criminal e administrativa pelos danos causados.

Podem ensejar a destituição e a eventual responsabilização não só condutas comissivas, mas também omissivas (como, inclusive, prevê expressamente o art. 106, *caput*, da Lei 12.529/2011). Efetivamente, a inércia no cumprimento das suas funções pode — e deve — levar à destituição do administrador judicial e à sua responsabilização[505].

Assim, em caso de falta grave, pode o magistrado remover o administrador judicial e nomear outro em seu lugar[506]. Trata-se de verdadeira destituição, prerrogativa do juiz, jamais da assembleia de sócios[507].

---

[505] TJRS, 20ª Câmara Cível, AI 70070626981, Rel. Des. Glênio José Wasserstein Hekman, j. 11/10/2016. Na doutrina: VERÓN. *Tratado de los conflictos societarios...*, p. 524-525.

[506] TJMG, 18ª Câmara Cível, AI 1.0024.96.074689-9/001, Rel. Des. Guilherme Luciano Baeta Nunes, j. 13/11/2007. Na Argentina, o art. 226, item 3, do *Codigo Procesal Civil y Comercial de la Nacion (CPCCCN)* assim dispõe: "El interventor que no cumpliere eficazmente su cometido podrá ser removido de oficio; si mediare pedido de parte, se dará traslado a las demás y al interventor". Há, também, precedente em que ocorreu a reversão da intervenção judicial pelo não cumprimento de seus deveres (no caso, a prestação de contas): TJRS, 6ª Câmara Cível, AI 70.003.582.608, Rel. Des. Carlos Alberto Alvaro de Oliveira, j. 20/02/2002.

[507] ROITMAN; AGUIRRE; CHIAVASSA. *Manual de sociedades comerciales...*, p. 351.

Da mesma forma, pode ser removido o administrador judicial que não atua com imparcialidade[508]. Todavia, não procede, ao menos em princípio, a substituição ou destituição do interventor por simples questionamentos formulados unilateralmente pela própria parte afetada pela medida.

Isso porque a inconformidade com a intervenção em si pode gerar, ainda que de forma inconsciente, uma indisposição prévia com a gestão judicial[509]. Desta forma, é inaceitável o pedido de remoção que não se funda em um fato ou conduta concreta e reprovável sob as lentes da lei[510].

Ainda, de acordo com §2º do art. 106 da Lei 12.529/2011, o interventor poderá ser substituído quando incorrer em insolvência civil, quando for sujeito passivo ou ativo de qualquer forma de corrupção ou prevaricação, ou infringir quaisquer de seus deveres.

De qualquer sorte, por ser auxiliar do juízo, em caso de perda da confiança, também pode o administrador judicial ser substituído[511].

Ademais, o interventor judicial fica sujeito à responsabilização civil, preenchidos pressupostos legais. Sem embargo, não se pode confundir descumprimento de deveres com a verificação de prejuízos na condução do negócio pois, como já visto, trata-se de obrigação de meio: não se espera, pois, que o administrador seja infalível e, nesse sentido, tome todas as decisões certas. Assim, a possibilidade de equívoco é inerente à atividade empresarial, não sendo razoável esperar que o administrador não cometa qualquer falha[512].

O que se espera — e isso sim é próprio da atividade de gestão — é que o administrador se cerque de todos os dados necessários para uma tomada de decisão consciente e informada, mitigando, assim, o risco de erro.

O que pode variar é o grau de reflexão necessária para cada decisão, visto que, por óbvio, entre a contratação de alguns funcionários para o "chão de fábrica" de uma indústria e uma fusão de milhões, existe uma diferença bastante considerável na avaliação a ser feita e na direção a ser tomada pela sociedade.

---

[508] VERÓN. *Tratado de los conflictos societarios...*, p. 525.
[509] VERÓN. *Tratado de los conflictos societarios...*, p. 525.
[510] VERÓN. *Tratado de los conflictos societarios...*, p. 525.
[511] Veja-se o que dispõe o art. 186 da *Ley de Sociedades Comerciales* uruguaia: "El Juez podrá remover en cualquier momento, con o sin expresión de causa, al interventor designado."
[512] FERBER. *Corporation law...*, p. 67.

Assim, sendo adotadas todas as medidas cabíveis para uma decisão consciente, nada pode se alegar no que diz respeito à violação do dever de diligência. Nem a eventual falência da empresa, por si só, acarreta a responsabilização automática dos gestores, porquanto o risco e a má sorte são igualmente inerentes ao exercício da atividade empresarial. Aplicável, portanto, mesmo ao caso da intervenção judicial em sociedades, a *business judgment rule*[513].

Isso não impede, porém, que a sociedade objeto de intervenção, por meio de sua representação legítima, possa adotar medida legais para buscar a responsabilização do administrador judicial que houver cometido qualquer ilícito no exercício de seu encargo[514], inclusive por violação, comissiva ou omissiva, dos seus deveres.

---

[513] A *business judgement rule* é o princípio erigido pela jurisprudência estadunidense em face do qual, exceto se houver fortes indícios de que os administradores violaram os deveres de diligência ou os de lealdade, os tribunais se recusam a analisar decisão relativa à gestão da companhia. Deste modo, se a decisão foi tomada de forma consciente, com base em informações adequadas, de boa-fé e sem conflito de interesses, o conteúdo da decisão (mérito) não pode ser revisto, ainda que ela não tenha produzido bons resultados. Em outras palavras, os tribunais não desafiam as decisões negociais dos administradores quando estes cumprem com os seus deveres, atuando de boa-fé, com a diligência com que agiria uma pessoa comum prudente na mesma situação e crendo, de forma razoável, que estão agindo no melhor interesse da companhia e não no interesse pessoal. O fundamento para essa regra, afirmam alguns, reside no fato de que os juízes não possuem formação específica na área empresarial, o que pode fazer com que as suas decisões sejam afastadas da realidade e, consequentemente, equivocadas. Além disso, os tribunais apenas teriam uma visão limitada do caso concreto, visto que é muito difícil transpor para os processos judiciais todos os fatos que poderiam influir em uma tomada de decisão empresarial. Ainda, uma avaliação posterior da decisão pode ser entorpecida pelo fato de que aquele que a analisa já conhece o seu resultado ruim. Ademais, a regra visa a "evitar que os tribunais e os próprios sócios substituam os administradores em seu mister. Vale dizer, o juízo de oportunidade e conveniência de uma decisão empresarial não pode ser exercido por juízes ou por quaisquer outras pessoas — trata-se de prerrogativa exclusiva dos administradores, que, em razão da sua experiência e do acesso que têm a informações, estão mais habilitados do que os juízes e os próprios acionistas a tomar quaisquer decisões referentes à companhia" (PARENTE. *O dever de diligência...*, p. 72). Portanto, a administração deve poder tomar decisões sem o medo de ser processada por um "erro honesto". O princípio em questão (*business judgement rule*) tem, portanto, por finalidade "oferecer ampla proteção às decisões de negócios bem informadas, constituindo uma espécie de 'porto seguro' para os administradores, que devem ser encorajados não apenas a assumir cargos de administração como também a correr determinados riscos que são inerentes à gestão empresarial" (PARENTE. *O dever de diligência...*, p. 71-72).

[514] GAGGERO. *Intervención judicial de sociedades comerciales...*, p. 75.

14. Remuneração

Nenhum auxiliar da justiça exerce atividade profissional de forma gratuita, não sendo diferente a situação do interventor na administração de sociedade[515].

Efetivamente, a ele deve ser atribuída remuneração adequada, fixada pelo juiz[516], pois o sucesso da medida interventiva está diretamente relacionado à possibilidade de se atrair um profissional gabaritado para o exercício da função, o que pressupõe o pagamento de uma remuneração de mercado, compatível com a sua qualificação técnica, com a complexidade do encargo e com a dedicação dispendida pelo administrador judicial[517].

E, como é intuitivo, a remuneração é fixada pelo juiz, assim dispondo expressamente, por exemplo, o art. 106, §2º, da Lei 12.529/2011.

14.1. Parâmetros de Fixação

Na falta de um critério expresso em lei, pode-se tomar como referência para a fixação dos honorários do interventor aqueles parâmetros previstos

---

[515] VIDAL NETO. *Intervenção judicial na administração de sociedade...*, p. 102; GAGGERO. *Intervención judicial de sociedades comerciales...*, p. 75; HOLZ; POZIOMEK. *Curso de derecho comercial...*, p. 96; ROITMAN; AGUIRRE; CHIAVASSA. *Manual de sociedades comerciales...*, p. 349.

[516] Na Argentina, no plano do direito legislado, o art. 227 do *Codigo Procesal Civil y Comercial de la Nacion (CPCCCN)* assim dispõe: "El pacto de honorarios celebrado por el interventor será nulo e importará ejercicio abusivo del cargo".

[517] VIDAL NETO. *Intervenção judicial na administração de sociedade...*, 2017, p. 102.

no art. 152 da Lei das S.A.[518]. Assim, tornam-se referenciais: *(i)* a remuneração paga para profissionais que exercem atividades análogas na iniciativa privada; *(ii)* a responsabilidade assumida pelo interventor; e *(iii)* o tempo dedicado às funções.

Ainda, é possível adotar os parâmetros da Lei 11.101/05, o que possibilidade sejam levados em consideração: *(i)* o grau de complexidade do trabalho; *(ii)* a remuneração usualmente paga para profissionais que exercem atividades análogas na iniciativa privada; e *(iii)* a capacidade de pagamento da sociedade que sofre a intervenção[519].

Pode, igualmente, servir como paradigma para a determinação da remuneração do interventor o montante percebido pelos administradores da sociedade objeto de intervenção[520].

De um jeito ou de outro, é importante levar em consideração: *(i)* a natureza e a complexidade das tarefas conferidas ao administrador; *(ii)* a espécie de intervenção decretada; *(iii)* a importância da causa; *(iv)* a efetividade do trabalho prestado; *(v)* o risco/complexidade da atividade explorada pela sociedade; e *(vi)* o tempo de duração da intervenção[521].

Finalmente, ainda que as partes ajustem sua conduta beligerante após o decreto de intervenção, de modo a tornar desnecessária a atuação do administrador judicial (tendo havido acordo ou cumprimento voluntário de ordem judicial, por exemplo), alguma remuneração será devida ao

---

[518] No Uruguai, o art. 187 da *Ley de Sociedades Comerciales* (*Ley 16060* de 1989) assim dispõe: "Se aplicarán a los interventores, en lo compatible, las disposiciones relativas a los administradores sociales".

[519] Utilizando o art. 24 da LREF, analogicamente, para fixar a remuneração do administrador judicial na insolvência civil: TJRS, 6ª Câmara Cível, AI 70055272058, Rel. Des. Ney Wiedemann Neto, j. 28/06/2013. Ver, também: TJRS, 15ª Câmara Cível, AI 70070624861, Rel. Des. Vicente Barrôco de Vasconcellos, j. 24/05/2017.

[520] TJSC, 2ª Câmara de Direito Comercial, AI 2001.003112-0, Rel. Des. Cercato Padilha, j. 28/11/2002. Nesse sentido, ver, também: RODRIGUES FILHO. Suspensão cautelar e afastamento de gerente de sociedade por quotas..., p. 95; HOLZ; POZIOMEK. *Curso de derecho comercial*..., p. 96.

[521] GAGGERO. *Intervención judicial de sociedades comerciales*..., p. 75-76; HOLZ; POZIOMEK. *Curso de derecho comercial*..., p. 96; VERÓN. *Tratado de los conflictos societarios*..., p. 527-528. Na Argentina, no plano do direito legislado, o art. 227 do *Codigo Procesal Civil y Comercial de la Nacion (CPCCCN)* assim dispõe: "Para la regulación del honorario definitivo se atenderá a la naturaleza y modalidades de la intervención, al monto de las utilidades realizadas, a la importancia y eficacia de la gestión, a la responsabilidad en ella comprometida, al lapso de la actuación y a las demás circunstancias del caso".

auxiliar da justiça, devendo o magistrado observar o binômio (*i*) o tempo despedindo na função e o trabalho realizado e (*ii*) contribuição da intervenção para a solução do problema[522].

14.2. Forma de Pagamento

Em caso de administração judicial prolongada, é plenamente viável a fixação de remuneração mensal, uma vez que a espera pelo término da intervenção para o recebimento de honorários pode inviabilizar a dedicação que se espera do administrador[523].

Não se pode ignorar, no entanto, o risco de a remuneração mensal criar um incentivo pernicioso à manutenção da intervenção, desviando o foco de atuação do interventor, qual seja, resolver o imbróglio que determinou sua nomeação com a maior brevidade possível.

Assim, pode ser de todo conveniente a reserva de parte da remuneração para pagamento ao término da medida interventiva, servindo esta como espécie de estímulo à conclusão dos trabalhos do interventor (assim como ocorre na falência, nos termos do art. 24, §2º, da Lei 11.101/05)[524].

---

[522] GAGGERO. *Intervención judicial de sociedades comerciales*..., p. 76-77.

[523] GAGGERO. *Intervención judicial de sociedades comerciales*..., p. 75; MALAGARRIGA. *Tratado elemental de derecho comercial*..., p. 657; HALPERIN. *Curso de derecho comercial*..., p. 376. Na Argentina, no plano do direito legislado, o art. 227 do *Codigo Procesal Civil y Comercial de la Nacion (CPCCCN)* assim dispõe: "El interventor sólo percibirá los honorarios a que tuviere derecho, una vez aprobado judicialmente el informe final de su gestión. Si su actuación debiera prolongarse durante un plazo que a criterio del juez justificara el pago de anticipos, previo traslado a las partes, se fijarán éstos en adecuada proporción al eventual importe total de sus honorarios". Ver, também: RODRIGUES FILHO. *Suspensão cautelar e afastamento de gerente de sociedade por quotas*..., p. 95.

[524] No Paraguai, o art. 730 do *Codigo Procesal Civil* assim dispõe: "Art.730. Honorarios. Los interventores o administradores no podrán percibir honorarios con carácter definitivo hasta que la gestión total haya sido judicialmente aprobada. Si su actuación excediere de seis meses, previo traslado a las partes, podrán ser autorizados a percibir periódicamente sumas con carácter de anticipos provisionales, en adecuada proporción con el honorario total y los ingresos de la sociedad o asociación".

14.3. Responsabilidade pelo Pagamento

Quanto à responsabilidade pelo pagamento da remuneração do interventor, parece adequado aplicar o *princípio da causalidade*[525]. Assim, o magistrado deve identificar a parte que causou a aplicação da medida interventiva, fazendo recair sobre ela o ônus de pagar a remuneração do administrador judicial[526].

Caso inicialmente não se possa identificar quem deu causa, aquele que requereu a nomeação do interventor deverá arcar, ainda que provisoriamente, com a remuneração — podendo vir a ser reembolsado, se, ao final, assim for estabelecido pelo juiz[527]. Se ambas as partes deram causa ou requereram a nomeação, naturalmente devem repartir o ônus do pagamento da remuneração[528].

---

[525] VIDAL NETO. *Intervenção judicial na administração de sociedade...*, p. 106.

[526] TJRS, 6ª Câmara Cível, AI 70027408459, Rel. Des. Artur Arnildo Ludwig, j. 12/05/2011; TJRS, 15ª Câmara Cível, AI 70041806639, Rel. Des. Angelo Maraninchi Giannakos, j. 30/03/2011. Na doutrina: ROITMAN; AGUIRRE; CHIAVASSA. *Manual de sociedades comerciales...*, p. 351.

[527] TJMG, 18ª Câmara Cível, AI 1.0024.11.219447-7/004, Rel. Des. Guilherme Luciano Baeta Nunes, j. 05/02/2013. Na doutrina: VERÓN. *Tratado de los conflictos societarios...*, p. 520-530; HALPERIN. *Curso de derecho comercial...*, p. 376; ROITMAN; AGUIRRE; CHIAVASSA. *Manual de sociedades comerciales...*, p. 351. Na Itália, as despesas da intervenção são custeadas pelo requerente, com dispõe o art. 2.409 do *Codice Civile*: "Il tribunale, sentiti in camera di consiglio gli amministratori e i sindaci, può ordinare l'ispezione dell'amministrazione della società a spese dei soci richiedenti, subordinandola, se del caso, alla prestazione di una cauzione. Il provvedimento è reclamabile".

[528] TJMG, 17ª Câmara Cível, AI 1.0024.09.682904-9/004, Rel. Des. Márcia De Paoli Balbino, j. 21/02/2013; TJRS, 5ª Câmara Cível, AI 70048524250, Rel. Des. Isabel Dias Almeida, j. 25/07/2012; TJRS, 7ª Câmara Cível, AI 70022485221, Rel. Des. André Luiz Planella Villarinho, j. 12/03/2008.

Há, de qualquer forma, precedentes que impõem à sociedade o pagamento dos honorários do profissional[529-530], uma vez que é ela diretamente quem se beneficiaria da atividade exercida pelo administrador judicial[531].

Observe-se que a Lei 12.529/2011, no seu art. 109, determina que: "As despesas resultantes da intervenção correrão por conta do executado contra quem ela tiver sido decretada".

De qualquer forma, parece acertada a posição segundo a qual o administrador provisório possui ação para demandar subsidiariamente quaisquer das partes litigantes ou até a sociedade, caso o responsável primário pelo pagamento da sua remuneração revele incapacidade patrimonial para tanto[532].

14.4. Remuneração nas Hipóteses de Substituição e Destituição

Em razão da proximidade das situações, parece possível aplicar, analogicamente, a disposição da LREF segundo a qual a destituição do administrador judicial concursal e o pedido de substituição feito por ele mesmo sem apresentação de justa causa importam na sanção de perda da remuneração (vide art. 24, §3º, da LREF), ao passo que a simples substituição conduz à remuneração pelo trabalho efetivamente realizado[533].

Mas como não se verifica a imperatividade da regra do art. 24, §3º, da LREF, servindo ela apenas como norte ao juízo da intervenção, nos

---

[529] TJRS, 6ª Câmara Cível, ED 70037553161, Rel. Des. Artur Arnildo Ludwig, j. 08/09/2010; TJRS, 6ª Câmara Cível, AI 70004958641, Rel. Des. Antônio Guilherme Tanger Jardim, j. 16/10/2002.

[530] Na Itália, quando a intervenção se dá a pedido do Ministério Público, é da sociedade o ônus de arcar com as despesas da intervenção, conforme dispõe o art. 2.409 do *Codice Civile*: "I provvedimenti previsti da questo articolo possono essere adottati anche su richiesta del collegio sindacale, del consiglio di sorveglianza o del comitato per il controllo sulla gestione, nonché, nelle società che fanno ricorso al mercato del capitale di rischio, del pubblico ministero; in questi casi le spese per l'ispezione sono a carico della società".

[531] TJMG, 17ª Câmara Cível, AI 1.0433.08.252882-2/002, Rel. Des. Lucas Pereira, j. 14/05/2009. Na doutrina: CORREIA. *Os administradores de sociedades anónimas...*, p. 776; HALPERIN. *Curso de derecho comercial...*, p. 376.

[532] De forma análoga, VERÓN. *Tratado de los conflictos societarios...*, p. 529.

[533] Na Argentina, no plano do direito legislado, o art. 227 do *Codigo Procesal Civil y Comercial de la Nacion (CPCCCN)* assim dispõe: "Carece de derecho a cobrar honorarios el interventor removido del cargo por ejercicio abusivo; si la remoción se debiere a negligencia, aquel derecho a honorarios o la proporción que corresponda será determinada por el juez".

casos acima mencionados (destituição ou pedido de substituição sem justa causa), parece adequado que o magistrado avalie *(i)* o serviço efetivamente prestado, *(ii)* a causa que levou à destituição ou motivou à substituição, e *(iii)* eventuais danos causados pelos atos praticados ou pela negligência no exercício da função, podendo atribuir uma remuneração equitativa.

Em casos extremos, o magistrado pode deixar de atribuí-la quando efetivamente *(a)* nada se aproveite do serviço prestado, *(b)* quando o dano causado for maior que os benefícios gerados pela atuação do auxiliar da justiça, ou, ainda, *(c)* quando entender adequada a aplicação desta sanção[534].

---

[534] Com posição firme pela perda da remuneração em razão do desserviço prestado: VERÓN. *Tratado de los conflictos societarios...*, p. 530.

15. Término da Intervenção

Uma vez que se trata de medida excepcional, a intervenção deve cessar tão logo desapareçam as causas que a justificaram[535] ou, se for o caso, o período para a qual foi determinada a intervenção — não sendo conveniente nem recomendável sua prorrogação automática.

O art. 105 da Lei de Defesa da Concorrência, por exemplo, contém regra exatamente nesse sentido ("A intervenção poderá ser revogada antes do prazo estabelecido, desde que comprovado o cumprimento integral da obrigação que a determinou") — sendo que, como regra, o art. 106 estabelece que a intervenção terá duração máxima de 180 dias, passível de prorrogação (vide art. 110).

Vencido o prazo assinalado no decreto de intervenção, o regime provisório deve cessar. Todavia, não tendo desaparecido a causa que ensejou a nomeação do administrador judicial — e não tendo o magistrado se manifestado expressamente sobre a não prorrogação —, parece adequado que o auxiliar do juízo permaneça no posto até segunda ordem[536], devendo os interessados peticionar requerendo manifestação judicial sobre o tema.

---

[535] GAGGERO. *Intervención judicial de sociedades comerciales...*, p. 81-82; MALAGARRIGA. *Tratado elemental de derecho comercial...*, p. 655.

[536] VERÓN. *Tratado de los conflictos societarios...*, p. 527. Assim dispõe o art. 186 da *Ley de Sociedades Comerciales* uruguaia: "El Juez fijará el plazo de duración de la intervención que podrá ser prorrogado mediante información sumaria de su necesidad". No mesmo sentido caminha o art. 115 da *Ley 19.550* argentina; ainda, o art. 225, item 3, do *Codigo Procesal Civil y Comercial de la Nacion (CPCCCN)* assim dispõe: "La providencia que designe al interventor

De qualquer forma, em hipótese alguma é possível cogitar de uma intervenção definitiva, pois tal medida equivaleria à expropriação da sociedade e de seu patrimônio, o que é impensável em um ordenamento jurídico cujos pilares da ordem econômica são a propriedade privada e a livre iniciativa (vide art. 170, II e IV, da CF).

Ainda, é evidente que, não mais existindo a causa da intervenção judicial na administração da sociedade, deve ela ser cessada ainda que antes do prazo constante do decreto de intervenção[537].

Quando do término da intervenção, a fim de se desincumbir do encargo, o administrador judicial deve apresentar relatório final da intervenção[538]. Somente após a apresentação desse documento e sua análise pelo juiz, o pagamento do valor remanescente da sua remuneração, se existente, deve ser autorizado.

---

determinará la misión que debe cumplir y el plazo de duración, que sólo podrá prorrogarse por resolución fundada".

[537] Na Itália, assim dispõe o art. 2.409 do *Codice Civile*: "Il tribunale non ordina l'ispezione e sospende per un periodo determinato il procedimento se l'assemblea sostituisce gli amministratori e i sindaci con soggetti di adeguata professionalità, che si attivano senza indugio per accertare se le violazioni sussistono e, in caso positivo, per eliminarle, riferendo al tribunale sugli accertamenti e le attività compiute." "Se le violazioni denunziate sussistono ovvero se gli accertamenti e le attività compiute ai sensi del terzo comma risultano insufficienti alla loro eliminazione, il tribunale può disporre gli opportuni provvedimenti provvisori e convocare l'assemblea per le conseguenti deliberazioni. Nei casi più gravi può revocare gli amministratori ed eventualmente anche i sindaci e nominare un amministratore giudiziario, determinandone i poteri e la durata".

[538] O art. 110 da Lei de Defesa da Concorrência assim dispõe: "Decorrido o prazo da intervenção, o interventor apresentará ao juiz relatório circunstanciado de sua gestão (...)". Na Argentina, o art. 226, item 3, do *Codigo Procesal Civil y Comercial de la Nacion (CPCCCN)* assim dispõe: "El interventor debe: 2. Presentar los informes periódicos que disponga el juzgado y uno final, al concluir su cometido". Na Itália, no art. 2.409 do Codice Civile, também há previsão de prestação de contas, bem como, se for o caso, a convocação de assembleia geral para eleição dos administradores (ou a dissolução da sociedade): "Prima della scadenza del suo incarico l'amministratore giudiziario rende conto al tribunale che lo ha nominato; convoca e presiede l'assemblea per la nomina dei nuovi amministratori e sindaci o per proporre, se del caso, la messa in liquidazione della società o la sua ammissione ad una procedura concorsuale".

16. Considerações Finais

Verifica-se, com o passar do tempo, um amadurecimento no tratamento dispensado pela doutrina e pela jurisprudência ao tema da intervenção judicial na administração de sociedades. Estudos começam, aos poucos, a surgir e os tribunais têm cada vez menor resistência à utilização do instituto em casos efetivamente necessários.

Nota-se, em última análise, que a negativa jurisdicional quanto à intervenção se materializa quando o pedido é despropositado ou desprovido de suporte probatório que empreste veracidade à pretensão. Assim, em que pese a lacuna na legislação brasileira a respeito da medida, a intervenção judicial na administração das sociedades tem sido utilizada no Brasil.

De qualquer sorte, não se pode lançar mão de tal instrumento de modo açodado, uma vez que "una intervención mal decretada puede ser más prejudicial que el mal que pretende evitar"[539].

Espera-se, ao fim e ao cabo, que a pesquisa e a experiência apresentadas neste pequeno ensaio contribuam para o debate em torno da intervenção judicial na administração de sociedades, tema de elevado interesse prático para o direito societário e que ainda é pouco estudado no País.

Essa a nossa oferta.

---

[539] GAGGERO. *Intervención judicial de sociedades comerciales...*, p. 66.

REFERÊNCIAS

ABRÃO, Nelson. *A continuação provisória do negócio na falência*. 2 ed. São Paulo: LEUD, 1998.
_____. *Sociedade por quotas de responsabilidade limitada*. 7 ed. São Paulo: Saraiva, 2000.
ACQUAS, Brunello. *L'esclusione del socio nelle società*. Milano: Giuffrè, 2008.
ADAMEK, Marcelo Vieira von. *Abuso de minoria em direito societário* (abuso das posições subjetivas minoritárias). Tese (Doutorado em Direito). Faculdade de Direito da Universidade de São Paulo, São Paulo, 2010.
_____. *Responsabilidade civil dos administradores de S/A e as ações correlatas*. São Paulo: Saraiva, 2009.
ASQUINI, Alberto. Perfis da empresa. Trad. de Fábio Konder Comparato. *Revista de Direito Mercantil, Industrial, Econômico e Financeiro*, São Paulo, n. 104, p. 108-126, out./dez. 1996.
ASCARELLI, Tullio. O desenvolvimento histórico do direito comercial e o significado da unificação do direito privado (trad. de Fábio Konder Comparado, in: *Saggi di diritto commerciale*). *Revista de Direito Mercantil Industrial, Financeiro e Econômico*, São Paulo, n. 114, p. 237-252, abr./jun. 1999.
_____. *Panorama do direito comercial*. São Paulo: Saraiva, 1947.
_____. O contrato plurilateral. In: _____. *Problemas das sociedades anônimas e direito comparado*. 2 ed. São Paulo: Saraiva, 1969, p. 255-312.
_____. Antigona e Porcia. In: _____ *Problemi giuridici*, t. II. Milano: Giuffrè, 1959, p. 9-10.
AZEVEDO, Alberto Gomes da Rocha. *Dissociação da sociedade mercantil*. São Paulo: Resenha Universitária, 1975.
AZEVEDO, Noé. *Das sociedades irregulares e sua prova*. São Paulo: Empreza Graphica da Revista dos Tribunaes, 1930.
BARBI FILHO, Celso. *Dissolução parcial de sociedade limitada*. Belo Horizonte: Mandamentos, 2004.
BARBOSA MAGALHÃES, José Maria Vilhena. *Da natureza jurídica das sociedades comerciais irregulares*. Lisboa: Jornal do Foro, 1953.
BERALDO, Leonardo de Faria. Da exclusão de sócio nas sociedades limitadas. In: _____ (org.). *Direito societário na atualidade*: aspectos polêmicos. Belo Horizonte: Del Rey, 2007, p. 181-231.

BERLE, Adolf A. Corporate powers as powers in trust. *Harvard Law Review*, v. 44, p. 1.049-1.079, 1931.

_____; MEANS, Gardiner. *A moderna sociedade anônima e a propriedade privada*. Trad. de Dinah de Abreu Azevedo. São Paulo: Abril Cultural, 1984.

BERNIER, Joice Ruiz. *Administrador judicial*. São Paulo: Quartier Latin, 2016.

BENUSSI, Alessandro. Considerazioni in ordine all'estromissione forzosa del socio nelle società di capitali: esclusione e riscatto. In: BENAZZO, Paolo; CERA, Mario; PATRIARCA, Sergio. *Il diritto delle società oggi*: innovazioni e persistenze. Torino: UTET, 2011, p. 61-93.

BOLAFFIO, Leon. *Derecho mercantil*. Trad. José L. De Benito. Madrid: Reus, 1935.

BONELLI, Franco. *La responsabilità degli amministratori di società per azioni*. Milano: Giuffrè, 1992.

BORSDORFF, Roland. *Interessenkonflikte bei Organsmitgliedern*: Eine Untersuchung zum deutschen und US-amerikanischen Aktienrecht. Frankfurt am Main: Peter Lang, 2010.

BROSETA PONT, Manuel; SANZ, Fernando Martínez. *Manual de derecho mercantil*, v. I. 24 ed. Madrid: Tecnos, 2017.

BUENO, Isabelle Ferrarini. *Da extinção do acordo de acionistas por causa superveniente*. Dissertação (Mestrado em Direito). Faculdade de Direito da Universidade Federal do Rio Grande do Sul, Porto Alegre, 2017.

BULGARELLI, Waldirio. *Regime jurídico da proteção às minorias*. Rio de Janeiro: Renovar, 1988.

_____. *Regime jurídico da proteção às minorias nas S.A.* Rio de Janeiro: Renovar, 1998.

BULHÕES PEDREIRA, José Luiz; LAMY FILHO, Alfredo. *Direito das companhias*, v. I. Rio de Janeiro: Forense, 2009.

_____; _____. *A Lei das S/As*. Rio de Janeiro: Renovar, 1992.

CARNELUTTI, Francesco. Eccesso di potere nella deliberazioni dell'assemblee delle anonime. *Rivista del Diritto Commerciale*, Roma, 24, 1926.

CARVALHO DE MENDONÇA, José Xavier. *Tratado de direito comercial brasileiro*, v. IV. Rio de Janeiro: Freitas Bastos, 1964.

CARVALHOSA, Modesto. *Comentários à Lei de Sociedades Anônimas*, v. 3. 4 ed. São Paulo: Saraiva, 2009.

_____. Responsabilidade civil de administradores e de acionistas controladores perante a Lei das S/A. *Revista dos Tribunais*, São Paulo, a. 83, v. 699, p. 36-43, jan. 1994, p. 41.

CEREZETTI, Sheila Christina Neder. *A recuperação judicial de sociedade por ações* – o princípio da preservação da empresa na Lei de Recuperação e Falência. São Paulo: Malheiros, 2012.

CHAMPAUD, Claude. *Le pouvoir de concentracion de société par action*. Paris: Sirey, 1962.

CLARK, Robert. *Corporate law*. Boston: Little Brown and Company, 1986.

CODINA, Joaquim Castañer; COSTA, Vivianna Colomà; PARRAMON, Cristina Roset. *TODO*: sociedades de responsabilidad limitada. Valencia: Kluwer, 2012.

COMPARATO, Fábio Konder. Exclusão de sócio nas sociedades de responsabilidade limitada. *Revista de Direito Mercantil*, v. 16, n. 25, p. 39-48, 1977.

_____. Funções e disfunções do resgate acionário. *Revista de Direito Mercantil, Industrial, Econômico e Financeiro*, a. 28, n. 73, p. 66-73, jan./mar. 1989.

_____; SALOMÃO FILHO, Calixto. *O poder de controle na sociedade anônima*. 6 ed. Rio de Janeiro: Forense, 2014.

CORDEIRO, António Menezes. *Manual de direito das sociedades:* Das sociedades em especial, v. II. 2 ed. Coimbra: Almedina, 2007.

CORREIA, Luís Brito. *Os administradores de sociedades anónimas*. Coimbra: Almedina, 1993.

COSTA, Luiz Felipe Duarte Martins. *Contribuição ao estudo da responsabilidade civil dos administradores de companhias abertas*. Dissertação (Mestrado em Direito). Faculdade de Direito da Universidade de São Paulo, São Paulo, 2006.

COSTA, Philomeno J. da. Intervenção judicial imediata na vida interna social (parecer). *Revista dos Tribunais*, a. 62, v. 458, p. 39-45, dez. 1973.

COUTO E SILVA, Clóvis Veríssimo do. Grupo de sociedades. *Revista dos Tribunais*, n. 647, p. 7-21, 1989.

COZIAN, Maurice; VIANDIER, Alain; DEBOISSY, Florence. *Droit des sociétés*. 24 éd. Paris: LexisNexis, 2011.

CUNHA, Carolina. A exclusão de sócios (em particular, nas sociedades por quotas). In: IDET – Instituto de Direito das Empresas e do Trabalho. *Problemas do direito das sociedades*. Coimbra: Almedina, 2003, p. 201-233.

DALMARTELLO, Arturo. *L'esclusione dei soci dalle società commerciali*. Padova: CEDAM, 1939.

DÍEZ, Pedro Portellano. *El deber de los administradores de evitar situaciones de conflicto de interés*. Pamplona: Civitas, 2015.

DINAMARCO, Cândido Rangel. *A reforma do Código de Processo Civil*. 2 ed. São Paulo: Malheiros, 1995.

DODD JR., Merrick E. For whom are corporate managers trustees? *Harvard Law Review*, v. 45, p. 1.145-1.163, 1932.

DYCK, Alexander; ZINGALES, Luigi. Private benefits of control: an international comparison. *The Journal of Finance*, v. 59, n. 2, p. 537-600, 2004.

EASTERBROOK, Frank H.; FISCHEL, Daniel R. *The economic structure of corporate law*. Cambridge: Harvard University Press, 1996.

_____. Inexistência de impedimento do administrador na ação social "ut singuli". *Revista de Direito Mercantil Industrial, Econômico e Financeiro*, São Paulo, v. 29, n. 80, p. 32-38, out./dez. 1990.

EIZIRIK, Nelson. O mito do "controle gerencial" – alguns dados empíricos. *Revista de Direito Mercantil, Industrial, Econômico e Financeiro*, a. 23, n. 66, p. 103-106, abr./jun. 1987.

ESPÍRITO SANTO, João. *Exoneração de sócio no direito societário-mercantil português*. Coimbra: Almedina, 2014.

ESTRELLA, Hernani. Sociedade Anônima – Ação possessória contra administradores destituídos – Medida exercitável pela sociedade em lugar da imissão de posse por parte dos novos diretores – problemas. *Revista de Direito Mercantil, Industrial, Econômico e Financeiro*, a. XIII, n. 13, p. 11-29, 1974.

FERBER, Kenneth S. *Corporation law*. New Jersey: Prentice Hall, 2002.

FÉRES, Marcelo Andrade. *Sociedade em comum:* disciplina jurídica e institutos afins. São Paulo: Saraiva, 2011.

FERNÁNDEZ, Rafael Leña; PÉREZ, Manuel Ángel Rueda. *Derecho de separación y exclusión de socios en la sociedad limitada*. Granada: Comares, 1997.

FERRARO, Bruno. *Delle società*. Padova: CEDAM, 1989.
FERREIRA, Mariana Martins-Costa. *Soluções contratuais para resolução de impasse:* cláusula *buy or sell* e opções de compra e venda *(call and put options)*. Dissertação (Mestrado em Direito). Faculdade de Direito da Universidade de São Paulo, São Paulo, 2017.
FERREIRA, Pinto. *Medidas cautelares*. 4 ed. Rio de Janeiro: Forense, 1992.
FERREIRA, Waldemar. *Tratado de direito comercial*, v. 4. 5 ed. São Paulo: Saraiva, 1961.
FERRER, Vincenç Rivas. *El deber de lealtad del administrador de sociedades*. Madrid: La Ley, 2010.
FLEISCHER, Holger. Zur organschaftlichen Treupflicht der Geschäftsleiter im Aktien- und GmbH-Recht. *Zeitschrift für Wirtschafts- und Bankrecht*, Heft 22, 57 Jahrgang, p. 1.045-1.058, 2003.
FONSECA, Humberto Lucena Pereira da. Comentários aos arts. 64 a 69. In: CORRÊA-LIMA, Osmar Brina; CORRÊA LIMA, Sérgio Mourão (coord.). *Comentários à Nova Lei de Falência e Recuperação de Empresas*. Rio de Janeiro: Forense, 2009, p. 427-461.
FONSECA, Priscila Corrêa da. *Suspensão de deliberações sociais*. São Paulo: Saraiva, 1986.
_____. *Dissolução parcial, retirada e exclusão de sócio no novo Código Civil*. 4 ed. São Paulo: Atlas, 2007.
_____; PRADO, Roberta Nioac; KIRSCHBAUM, Deborah; COSTALUNGA, Karime. Fraude à meação do cônjuge, dissolução societária e medidas processuais. In: PRADO; Roberta Nioac; PEIXOTO, Daniel Monteiro; SANTI, Eurico Marcos Diniz de (coord.). *Estratégias societárias, planejamento tributário e sucessório*. São Paulo: Saraiva, 2010, p. 313-413.
FRANÇA, Erasmo Valladão Azevedo e Novaes. *Conflito de interesses nas assembléias de S.A.* São Paulo: Malheiros, 1993.
_____. *Invalidade das deliberações de assembleia das S/As*. São Paulo: Malheiros, 1999.
_____. *Sociedade em comum*. São Paulo: Malheiros, 2013.
_____; ADAMEK, Marcelo Vieira von. "Affectio societatis": um conceito jurídico superado no moderno direito societário pelo conceito de "fim social". In: _____. *Temas de direito societário, falimentar e teoria da empresa*. São Paulo: Malheiros, 2009, p. 27-68.
FRANCO, Gustavo Lacerda. *A condução da sociedade em recuperação judicial*: análise da solução brasileira à luz dos modelos globais e dos seus pressupostos. Dissertação (Mestrado em Direito). Faculdade de Direito da Universidade de São Paulo, São Paulo, 2018.
FRANCO, Vera Helena de Mello; SZTAJN, Rachel. *Manual de direito comercial*, v. 2. São Paulo: Revista dos Tribunais, 2005.
GAGGERO, Eduardo D. *Intervención judicial de sociedades comerciales*. Montevideo: [s.n.], 1973.
GALGANO, Francesco. *La forza del numero e la legge della ragione*: storia del principio di maggioranza. Bologna: Il Mulino, 2007.
_____. *Il principio di maggioranza nelle società personali*. Padova: CEDAM, 1960.
GIERKE, Otto von. Über die Geschichte des Majoritätsprinzips – separata do Schmollers Jahrbuch. Berlim: Duncler & Humblot, 1915 (tradução italiana sob o título *Sulla storia del principio di maggioranza*, na Rivista delle Società, p. 1.103-1.120, 1961).
GILSON, Ronald J. Controlling shareholders and corporate governance: complicating the comparative taxonomy (August 2005); *Stanford Law and Economics Olin Working Paper*

No. 309. Disponível em: <http://ssrn.com/abstract=784744>. Acesso em: 20 fev. 2008.

GOLDSCHMIDT, Levin. *Storia universale del diritto commerciale.* Torino: UTET, 1913.

GONÇALVES NETO, Alfredo de Assis. *Direito de empresa:* comentários aos artigos 966 a 1.195 do Código Civil. 2 ed. rev., atual. e ampl. São Paulo: Revista dos Tribunais, 2007.

GORGA, Érica, Changing the paradigm of stock ownership from concentrated towards dispersed ownership? Evidence from Brazil and consequences for emerging countries, *Cornell Law Faculty Working Papers, paper 42,* 2008. Disponível em: <http//ssrn.com/abstract=1120137>. Acesso em: 20 fev. 2008.

GRIPPO, Giovanni. *Deliberazione e collegialità nella società per azioni.* Milano: Giuffrè, 1979.

GUERREIRO, José Alexandre Tavares. Impedimento de administrador em ação social "ut singuli". *Revista de Direito Mercantil Industrial, Econômico e Financeiro,* São Paulo, v. 19, n. 46, p. 23-28, abr./jun. 1982.

_____. Sociedade anônima: poder e dominação. *Revista de Direito Mercantil, Industrial, Econômico e Financeiro,* a. 23, n. 53, p. 73-80, jan./mar. 1984.

_____. Sociologia do poder na sociedade anônima. *Revista de Direito Mercantil, Industrial, Econômico e Financeiro,* São Paulo, a. 29, n. 77, p. 50-56, jan./mar. 1990.

HALPERIN, Isaac. *Curso de derecho comercial,* v. 1. 3 ed. Buenos Aires: Depalma, 1978.

HAMILTON, Robert W. *The law of corporations.* 5 ed. Saint Paul: West Group, 2000.

HANSMANN, Henry; KRAAKMAN, Reinier. The end of History for corporate law. *Georgetown Law Journal,* Washington, n. 89, p. 439-468, jan. 2001.

HENN, Harry G.; ALEXANDER, John R. *Laws of corporations and other business enterprises.* 3 ed. St. Paul: West Group, 1983.

HOLZ, Eva; POZIOMEK, Rosa. *Curso de derecho comercial.* 3 ed. Montevideo: Amalio M. Fernandez, 2016.

INGLEZ DE SOUZA. *Prelecções de direito comercial.* Rio de Janeiro: Typographia Leuzinger, 1906.

IUDÍCIBUS, Sérgio de. *Teoria da contabilidade.* São Paulo: Atlas, 2015.

JAEGER, Pier Giusto. Interesse sociale rivisitato (quarant' anni dopo). *Giurisprudenza Commerciale,* n. 1, p. 795-812, 2000.

_____. *L'interesse sociale.* Milano: Giuffrè, 1972.

JULA, Rocco. *Der GmbH-Gesellschafter.* 3 Aufl. Berlin: Springer, 2009.

KORT, Michael. Interessenkonflikte bei Organmitgliedern der AG. *Zeitschrift für Wirtschaftsrecht,* a. 29, v. 16, p. 717-725, abr. 2008.

KÜBLER, Friedrich. *Derecho de sociedades.* Trad. Michèle Klein. 5 ed. rev. y ampl. Madrid: Fundación Cultural del Notariado, 2001.

LACERDA, Galeno. *Comentários ao Código de Processo Civil,* v. 8, t.1. 2 ed. Rio de Janeiro: Forense, 1981.

LARGUINHO, Marisa. O dever de lealdade: concretizações e situações de conflito resultantes da cumulação de funções de administração. *Direito das Sociedades em Revista,* Coimbra, a. 5, n. 9, p. 187-213, mar. 2013.

LA PORTA, Rafael; LOPEZ DE SILANES, Florencio; SHLEIFER, Andrei. *Corporate ownership around the world.* Harvard Institute of Economic Research Paper No. 1840, 1998. Disponível em <http://ddrn.com/abstract=103130>. Acesso em: 20 fev. 2008.

LEÃES, Luiz Gastão Paes de Barros. Ação social derivada de responsabilidade civil dos administradores. *Revista de Direito Mercantil, Industrial, Econômico e Financeiro*, n. 112, p. 127-135, out./dez. 1998.

_____. *Comentários à Lei das Sociedades Anônimas*, v. 2. São Paulo: Saraiva, 1980.

LEMEUNIER, Francis. *Société à responsabilité limitée*. 26 éd. Paris: Delmas, 2008.

LUCENA, José Waldecy. *Das sociedades limitadas*. 6 ed. Rio de Janeiro: Renovar, 2005.

MACEDO, Ricardo Ferreira de. *Controle não societário*. Rio de Janeiro: Renovar, 2004.

MALAGARRIGA, Carlos C. *Tratado elemental de derecho comercial*, v. I. Buenos Aires: Tipografica Editora Argentina, 1951.

MARINONI, Luiz Guilherme. *Tutela inibitória* (individual e coletiva). São Paulo: Revista dos Tribunais, 1998.

_____. *A tutela inibitória*. 3 ed. rev., atual. e ampl. São Paulo: Revista dos Tribunais, 2003.

MATTOS FILHO, Ary Oswaldo; CHAVENCO, Mauricio; HUBERT, Paulo; VILELA, Renato; RIBEIRO, Victor B. Holloway. *Radiografia das sociedades limitadas*, São Paulo, 2014. Disponível em: <https://direitosp.fgv.br/sites/direitosp.fgv.br/files/arquivos/anexos/radiografia_das_ltdas_v5.pdf>. Acesso em: 14 mai. 2018.

MAURIZI, Alessandro. L'articolo 700 CPC nel diritto delle società. *Rivista del Diritto Commerciale*, Roma, v. 1, 1991.

MELLO, Eugenio Xavier de. Intervención judicial de las sociedades comerciales y acciones de responsabilidad de sus administradores o directores. In: MONTENEGRO, Alicia Ferrer; GAFFERA, Gerardo (coord.). *Responsabilidad de administradores y socios de sociedades comerciales*. Montivedeo: FCU, 2006, p. 525-537.

_____. Intervención judicial de sociedades comerciales y acción de remoción de sus administradores o directores. In: BUGALLO, Beatriz; MILLER, Alejandro (coord.). *Derecho societario*: Ferro Astray, *in memoriam*. Montevideo y Buenos Aires: BdeF, 2007, p. 557-599.

MERLINSKI, Ricardo. *Manual de sociedades comerciales*. 2 ed. actual. Montevideo: Carlos Alvares Editor, 2008.

MESSIMA, Paulo de Lorenzo; FORGIONI, Paula A. *Sociedades por ações*: jurisprudência, casos e comentários. São Paulo: Revista dos Tribunais, 1999.

MOSSA, Lorenzo. Scienza e metodi del diritto commerciale. *Rivista di Diritto Commerciale*, I, v. XXXIX, p. 97-128, 1941.

MUNHOZ, Eduardo Secchi. *Empresa contemporânea e direito societário*: poder de controle e grupos de sociedade. São Paulo: Juarez de Oliveira, 2002.

_____. Seção IV: Do procedimento de recuperação judicial. In: SOUZA JUNIOR, Francisco Satiro de; PITOMBO, Antonio Sergio A. de Moraes (coord.). *Comentários à Lei de Recuperação de Empresas e Falências*. 2 ed. rev., atual. e ampl. São Paulo: Revista dos Tribunais, 2007, p. 270-319.

NENOVA, Tatiana. The value of corporate votes and control benefits: a cross-country analysis. *Journal of Financial Economics*, v. 68, p. 325-351, 2001.

NUNES, Marcelo Guedes. Intervenção judicial: a nova Lei do CADE e a dissolução de sociedades. In: YARSHELL, Flávio Luiz; PEREIRA, Guilherme Setoguti J. (coord.). *Processo societário*. São Paulo: Quartier Latin, 2012.

_____. Intervenção judicial liminar na administração de sociedades. In: CASTRO, Rodrigo R. Monteiro de; AZEVEDO, Luís André N. de Moura (coord.). *Poder de con-

trole e outros temas de direito societário e mercado de capitais. São Paulo: Quartier Latin, 2010, p. 83-133.

O'NEAL, F. Hodge. *O'Neal's oppression of minority shareholders*: protecting minority rights in squeeze-outs and other intracorporate conflicts. 2 ed. Callaghan & Co., 1986.

PANTANO, Tânia. *Os limites da intervenção judicial na administração das sociedades por ações*. Tese (Doutorado em Direito). Faculdade de Direito da Universidade de São Paulo, São Paulo, 2009.

PARENTE, Flávia. *O dever de diligência dos administradores de sociedades anônimas*. Rio de Janeiro: Renovar, 2005.

PARGENDLER, Mariana. Modes of gap filling: good faith and fiduciary duties reconsidered. *Tulane Law Review*, v. 82, 2008.

PEIXOTO, Carlos Fulgêncio da Cunha. *A sociedade por cotas de responsabilidade limitada*, v. I. 2 ed. Rio de Janeiro: Forense, 1958.

PEREIRA, Luiz Fernando C. *Medidas urgentes no direito societário*. São Paulo: Revista dos Tribunais, 2002.

PIMENTA, Alberto. *Suspensão e anulação de deliberações sociais*. Coimbra: Coimbra Editora, 1965.

PINTO FURTADO, Jorge Henrique da Cruz. *Deliberações de sociedades comerciais*. Coimbra: Almedina, 2005.

PLETI, Ricardo Padovini. *Intervenção judicial em sociedade empresária*. Curitiba: Juruá, 2014.

_____. A tutela de urgência de intervenção judicial em sociedade anônima ou limitada. In: WALD, Arnoldo; GONÇALVES, Fernando; CASTRO, Moema Augusta de (coord.); FREITAS, Bernardo Vianna; CARVALHO, Mário Tavernard Martins de (org.). *Sociedades anônimas e mercado de capitais*: homenagem ao prof. Osmar Brina Corrêa-Lima. São Paulo: Quartier Latin, 2011, p. 713-733.

PODETTI, J. Ramiro. *Derecho procesal civil comercial y laboral*: tratado de las medidas cautelares, v. IV. Buenos Aires: Ediar, 1956.

PRINCIPE, Angela. *Il controllo giudiziario nel governo societario*. Milano: Giuffrè, 2008.

PROTO PISANI, Andrea. *La nuova disciplina del processo civile*. Napoli: Jovene, 1991.

RAISER, Thomas; VEIL, Rüdiger. *Recht der Kapitalgesellschaften*. 5 Aufl. Mücnhen: Franz Vahlen, 2010.

RATHENAU, Walther. Do sistema acionário – uma análise negocial. Trad. e introdução de Nilson Lautenschleger Jr. Reprodução do texto clássico. *Revista de Direito Mercantil, Industrial, Econômico e Financeiro*, a. 41, n. 128, p. 199-223, out./dez. 2002.

RIBEIRO, Renato Ventura. *Exclusão de sócios nas sociedades anônimas*. São Paulo: Quartier Latin, 2005.

RIPERT, G.; ROBLOT, R. *Traité de droit des affaires*, t. 2. 20 éd. Paris: LGDJ, 2011.

ROCCO, Alfredo. *Principios de derecho mercantil*. 10 ed. México: Nacional, 1981.

RODRIGUES FILHO, Eulâmpio. Suspensão cautelar e afastamento de gerente de sociedade por quotas. *Revista Brasileira de Direito Processual*, v. 54, p. 91-96, abr./jun. 1987.

ROE, Mark J.; BEBCHUK, Lucian, A theory of path dependence in corporate ownership and governance, 52 *Stanford Law Review* 127 (1999).

ROITMAN, Horacio; AGUIRRE, Hugo; CHIAVASSA, Eduardo. *Manual de sociedades comerciales*. Buenos Aires: La Ley, 2009.

SALOMÃO FILHO, Calixto. Deveres fiduciários do controlador. In: _____. *O novo direito societário*. 3 ed. rev. e ampl. São Paulo: Malheiros, 2006, p. 167-177.

_____. Interesse social: a nova concepção. In: _____. *O novo direito societário*. 4 ed. rev. e ampl. São Paulo: Malheiros, 2011, p. 27-51.

SANDOVAL, Carlos A. Molina. *Intervención judicial de sociedades comerciales*. Buenos Aires: La Ley, 2003.

SANTAS, Francisco Javier Framiñán. *La exclusión del socio en la sociedad de responsabilidad limitada*. Granada: Comares, 2005.

SCALZILLI, João Pedro. *Confusão patrimonial no direito societário*. São Paulo: Quartier Latin, 2015.

SCHMITTHOFF, Clive M. The rule of majority and the protection of the minority in English Company Law. In: _____. *La società per azione allá metá del secolo XX:* Studi in Memoria di Angelo Sfraffa. Padova: CEDAM, 1962, p. 663- 684.

SCHNEIDER, Uwe H. Die nachwirkenden Pflichten des ausgeschiedenen Geschäftsführers. In: ERLE, Bernd *et al.* (org.). *Festschrift für Peter Hommelhoff zum 70. Geburtstag*. Köln: Dr. Otto Schmidt, 2012, p. 1.023-1.035.

SERICK, Rolf. *Aparencia y realidad em las sociedades mercantiles*. Barcelona: Ediciones Ariel, 1958.

SCHMIDT, Karsten. *Gesellschaftsrecht*, B. I. 4 Aufl. Köln: Carl Heymanns, 2002.

_____. *Gesellschaftsrecht*, B. II. 4 Aufl. Köln: Carl Heymanns, 2002.

_____; LUTTER, Marcus (Hrsg.). *AktG Kommentar*, I Band. 3 Aufl. Köln: Otto Schmidt, 2015.

SILVA, Ovídio Baptista da. *Do processo cautelar*. Rio de Janeiro: Forense, 1996.

SMITH, Lionel D. Can we be obliged to be selfless? In: GOLD, Andre S.; MILLER, Paul B. (coord.). *Philosophical foundations of fiduciary law*. Oxford: Oxford University Press, p. 141-158.

SPINELLI, Luis Felipe. *Conflito de interesses na administração da sociedade anônima*. São Paulo: Malheiros, 2012.

_____. *Exclusão de sócio por falta grave na sociedade limitada*. São Paulo: Quartier Latin, 2015.

SZTAJN, Rachel. A incompletude do contrato de sociedade. *Revista da Faculdade de Direito da Universidade de São Paulo*, v. 99, p. 283-302, 2004.

SZTERLING, Fernando. *A função social da empresa no direito societário*. Dissertação (Mestrado em Direito). Faculdade de Direito da Universidade de São Paulo, São Paulo, 2003.

TALAMINI, Eduardo. Tutelas mandamental e executiva *lato sensu* e antecipação de tutela *ex vi* do artigo 461, §3º, do CPC. In: WAMBIER, Teresa Arruda Alvim (coord.). *Aspectos polêmicos da antecipação de tutela*. São Paulo: Revista dos Tribunais, 1997.

VAMPRÉ, Spencer. *Tratado elementar de direito commercial*, v. II. Rio de Janeiro: F. Briguiet & Cia. Editores, 1922.

VERÓN, Alberto Victor. *Tratado de los conflictos societarios*. Buenos Aires: La Ley, 2006.

VIANNA, Ferreira. *Jornal do Commercio*, 10 ago. 1892, p. 4. Disponível em: <http://memoria.bn.br/DocReader/DocReader.aspx?bib=364568_08>. Acesso em: 26 ago. 2018.

VIDAL NETO, Ademar. *Intervenção judicial na administração de sociedade:* nomeação de administrador provisório. Tese (Doutorado em Direito). Faculdade de Direito da Universidade de São Paulo, São Paulo, 2017.

VILLEGAS, Carlos Gilberto. *Derecho de las sociedades comerciales*. 9 ed. Buenos Aires: Abeledo-Perrot, 2001.
VIVANTE, Cesare. *Trattato di diritto commerciale*, v. I. 5 ed. Milano: Francesco Vallardi, 1922.
WARREN, Elizabeth; WESTBROOK, Jay Laurence; PORTER, Katherine; POTTOW, John A. E. *The law of debtors and creditors*. New York: Wolters Kluwer, 2014.
WATANABE, Kazuo. Tutela antecipatória e tutela específica das obrigações de fazer e não fazer. In: TEIXEIRA, Sálvio de Figueiredo (coord.). *Reforma do Código de Processo Civil*. São Paulo: Saraiva, 1996.
WIEDEMANN, Herbert. *Gesellschaftsrecht*, B. I. München: Beck, 1980.
_____. *Gesellschaftsrecht*, B. II. München: Beck, 2004.
_____. Excerto do direito societário I – Fundamentos. Trad. de Erasmo Valladão Azevedo e Novaes França. *Revista de Direito Mercantil, Industrial, Econômico e Financeiro*, a. 45, n. 143, p. 66-75, jul./set. 2006.
WINDBICHLER, Christine. *Gesellschaftsrecht*. 22 Aufl.. München: C. H. Beck, 2009.
WOLF, Martin. Abberufung und Ausschluß in der Zweimann-GmbH. *Zeitschrift für Unternehmens- und Gesellschaftsrecht*, B. 27, p. 91-115, jan. 1998.

SOBRE OS AUTORES

Luis Felipe Spinelli

Professor de Direito Empresarial da Faculdade de Direito da UFRGS. Pesquisador bolsista (*Postdoc-Stipendium I*) no *Max-Planck-Institut für ausländisches und internationales Privatrecht*. Doutor em Direito Comercial pela USP. Mestre em Direito Privado e Especialista em Direito Empresarial pela UFRGS. Membro associado ao Instituto Brasileiro de Estudos de Recuperação de Empresas (IBR), ao International Association of Restructuring, Insolvency & Bankruptcy Professionals (INSOL), ao Turnaround Management Association (TMA), ao Instituto de Direito Privado (IDP) e ao Instituto de Estudos Culturalistas (IEC). Autor dos livros "Exclusão de sócio por falta grave na sociedade limitada" (Quartier Latin, 2015) e "Conflito de interesses na administração da sociedade anônimas" (Malheiros, 2012), e coautor dos livros "Recuperação de Empresas e Falência (Almedina, 3ª ed., 2018)", "História do Direito Falimentar" (Almedina, 2018), "Sociedade em conta de participação" (Quartier Latin, 2014) e "Recuperação extrajudicial de empresas" (Quartier Latin, 2013). É autor e coautor de artigos jurídicos publicados em livros e revistas especializadas. Advogado.

João Pedro Scalzilli

Professor da Faculdade de Direito da PUCRS. Doutor em Direito Comercial pela USP. Mestre em Direito Privado e Especialista em Direito Empresarial pela UFRGS. Membro associado ao Instituto Brasileiro de Estudos de Recuperação de Empresas (IBR), ao *International Association of Restructuring, Insolvency & Bankruptcy Professionals* (INSOL) e ao *Turnaround Management Association* (TMA). Autor dos livros "Confusão Patrimonial no Direito Societário" (Quartier Latin, 2015) e "Mercado de Capitais, Ofertas Hostis e Técnicas e Defesa" (Quartier Latin, 2015), e coautor dos livros "Recuperação de Empresas e Falência (Almedina, 3ª ed., 2018)", "História do Direito Falimentar" (Almedina, 2018), "Sociedade em conta de participação" (Quartier Latin, 2014) e "Recuperação extrajudicial de empresas" (Quartier Latin, 2013). É autor e coautor de artigos jurídicos publicados em livros e revistas especializadas. Advogado.

Rodrigo Tellechea

Doutor em Direito Comercial pela USP. Especialista em Liderança e Negócios pela McDonough School of Business, Georgetown University. Especialista em Direito Empresarial pela UFRGS. Membro associado ao Instituto Brasileiro de Estudos de Recuperação de Empresas (IBR), ao International Association of Restructuring, Insolvency & Bankruptcy Professionals (INSOL), ao Turnaround Management Association (TMA). Presidente do Instituto de Estudos Empresariais (IEE) – Gestão 2016/2017. Foi Diretor de Formação do Instituto de Estudos Empresariais (IEE) – Gestão 2014/2015 – e Vice-Presidente – Gestão 2015/2016. Autor dos livros "Arbitragem nas Sociedades Anônimas: Direitos Individuais e Princípio Majoritário" (Quartier Latin, 2016) e "Autonomia Privada no Direito Societário" (Quartier Latin, 2016), e coautor dos livros "Recuperação de Empresas e Falência (Almedina, 3ª ed., 2018)", "História do Direito Falimentar" (Almedina, 2018) e "Recuperação extrajudicial de empresas" (Quartier Latin, 2013). É autor e coautor de artigos jurídicos publicados em livros e revistas especializadas. Advogado.

ÍNDICE

Agradecimentos 7
Nota dos autores 9
Prefácio 13
Sumário 17
1. Introdução ao Instituto 19
2. Natureza Jurídica da Intervenção e do Interventor 33
3. Espécies de Intervenção 37
4. Escolha do Administrador Judicial 59
5. Características da Medida 67
6. Requisitos para a Concessão da Medida 79
7. Legitimação Ativa 87
8. Legitimação Passiva 91
9. Hipóteses de Cabimento da Medida 97
10. Decreto de Intervenção 129
11. Atuação 133
12. Deveres 139
13. Destituição e Responsabilização 147
14. Remuneração 151
15. Término da Intervenção 157
16. Considerações Finais 159
Referências 161
Sobre os Autores 171